缠论解析

缠中说禅技术理论图解

（增订珍藏版）

江南小隐 / 著

中国宇航出版社
· 北京 ·

图书在版编目（CIP）数据

缠论解析 ： 缠中说禅技术理论图解 / 江南小隐著. -- 增订本. -- 北京 ： 中国宇航出版社, 2019.10(2025.8 重印)

ISBN 978-7-5159-1672-9

Ⅰ. ①缠… Ⅱ. ①江… Ⅲ. ①股票交易一图解 Ⅳ. ①F830.91-64

责任编辑 田芳卿　　**装帧设计** 宇星文化

出版发行	**中国宇航出版社**		
社址	北京市阜成路8号	**邮编**	100830
	(010)60286808		(010)68768548
网址	www.caphbook.com		
经销	新华书店		
发行部	(010)60286888		(010)68371900
	(010)60286887		(010)60286804(传真)
零售店	读者服务部		
	(010)68371105		
承印	三河市君旺印务有限公司		
版次	2019年10月第1版		2025年 8 月第 6次印刷
规格	787×960	**开本**	1/16
印张	12	**字数**	185千字
书号	ISBN 978-7-5159-1672-9		
定价	38.00元		

本书如有印装质量问题，可与发行部联系调换

题　记

谨以此书，献给所有困扰于缠论的人们。

——江南小隐

无题

（交毕书稿，天清气和，鸟语花香，正合煮酒谈诗）

江南小隐

铅刀磨尽渐成锋，检点行囊未觉空，
诗客不来花欲谢，明朝煮酒约东风。

赏荷有韵

江南小隐

文章呕血费筹谋，稿罢偷闲野外游。
昨夜一场梅子雨，莲花高过美人头。

芦江秋晚

江南小隐

古镇摊秋色，芦江镀落晖。
夕阳驱鸟返，芳草阻人归。
棘果随缘熟，蓉花自在肥。
高天存厚意，与道莫相违。

前　言

缠中说禅技术理论，来源于ID为“缠中说禅”的新浪博客。博主从2006年6月7日开始在博客中陆续发表“教你炒股票”系列文章，凡108篇，简称“缠论”。2008年10月31日，博主突然停博，此后一直未有更新，据传其因患鼻咽癌不幸辞世。博主的真实身份至今仍是一个谜，有网友推测他是《基金分析》的专栏作家木子，亦即原亿安科技操盘手李彪。李彪曾因将亿安科技股票操盘至百元而名噪一时。

“教你炒股票”系列文章在新浪博客陆续发布之后，在网络上引起了学习和研究缠论的热潮，博主被无数粉丝奉为投资大师，追捧者趋之若鹜，其博客获得了巨大的日点击量和回复量，享有“天下第一博”之盛誉。其技术理论被证券投资者奉为股市淘金圣典，无数人为之狂热，废寝忘食，日夜参研。时至今日，国内仅学习和研究其理论的各种网站就不下数十家，参与人数之多，轰动之大，影响之广，实属罕见。

缠论作为一种基础性技术理论，试图采用数学方式和完全分类方法来解析股价运行规律。其理论中对“市场走势终完美”的哲学认识，对K线图中股价运行的划线分析方法，对以成交密集区产生的走势中枢为分析中心确立买卖点的构建思路，对以区间套考察不同级别，以背驰力学和形态几何学结合分析的辩证思想，为证券技术理论界带来了一股新风。其孜孜不倦的探索精神和无私的奉献精神，亦令人感动和称颂。

缠中说禅在发布“教你炒股票”系列文章时，采用的是日记体的随笔形式，在博文中留下了随想随写、随问随答的理论初稿。由于未能对整个理论体系提前进行宏观架构和精心布局，某些概念、定义及解说，亦未经反复思考和严密的逻辑推演，而又试图以数学方式来精确解构股市的复杂走势，再加上配图过少，难免使人感觉其理论体系有零碎、片面、模糊、晦涩、矛盾等缺陷，给读者学习和领悟带来诸多障碍，也造成了学习缠论时“千人千缠”的混乱局面。

笔者出于对理论和操作的双重需要，研习缠论多年，本着缠中说禅倡导的科学探求精神，使用逻辑和实践两大武器，对“教你炒股票”108课进行了全面系统的求证和考察，对整个缠论体系亦有较为深入的认识和理解。受出版单位的委托，笔者对缠论体系再度进行了认真梳理和归纳，力避复杂难解的数学公式和抽象概念，采用简单易懂的语言，配合大量图形，著成《缠论解析》一书，希望能给广大学习缠论的爱好者提供一个学习进阶的工具。倘能使部分沉迷“缠海”无法自拔的股民驱散迷雾，参透理论真相，透过现象抓住本质，提升交易理念和交易水平，亦聊以心慰矣。

由于笔者个人才学和识见上的局限，本书亦难免存在或多或少的误解、错漏之处，对此，笔者诚望各路方家从理论探研的角度，本着弘扬、完善缠论的宗旨，以客观冷静和实事求是的态度给予批评指正！

目　录

导言

第一章　缠论形态学

一、K 线的包含处理

1. K 线的包含关系 / 3
2. K 线包含处理原则 / 5
3. K 线包含处理顺序 / 10

二、分型

1. 顶分型 / 14
2. 底分型 / 18
3. 分型中三根 K 线的指导意义 / 21

三、笔

1. 笔的定义 / 24
2. 笔的最基本要求 / 25
3. 上升笔和下降笔 / 27
4. 划分笔的步骤 / 29
5. 笔的延伸和结束 / 31
6. 划分笔的意义 / 34
7. 笔概念中的当下模式 / 34

8. 新笔与旧笔之分 / 42

四、线段

1. 线段概要 / 45
2. 线段的延伸与结束 / 48
3. 线段破坏的两种不同情况 / 51
4. 线段的特征序列和标准特征序列 / 54
5. 两种不同情况下的线段划分 / 58
6. 缠论对线段的特殊补充 / 70
7. 缺口和线段 / 71
8. 结语 / 72

五、走势中枢

1. 走势中枢的定义及划分 / 73
2. 走势类型与走势中枢的关系 / 83
3. 中枢不同情况的操作策略 / 90
4. 走势类型的连接方式 / 92
5. 走势的分解 / 94
6. 走势分解的意义 / 98

六、买卖点

1. 三类买卖点 / 99
2. 三类买卖点辨析 / 110
3. 中枢延伸、扩张和新生与买卖点的关系 / 111

七、均线系统

1. 均线系统基本概念 / 112
2. 均线系统操作方法 / 118

八、形态学小结

第二章　缠中说禅动力学

一、趋势背驰

1. 形态背驰 / 125

2. 技术指标背驰 / 129

3. 均线相交面积背驰 / 133

二、盘整背驰

三、背驰的力度与级别

四、区间套

第三章　缠中说禅其他操作技巧

一、防狼术

二、高效买入法

三、利润率最大的操作模式

四、中阴阶段及操作

第四章　缠中说禅谈操作心态

一、十种不适合参与市场交易的人

1. 耳朵控制大脑型 / 158

2. 疯狂购物型 / 158

3. 不受控制型 / 158

4. 永远认错型 / 159

5. 祥林嫂型 / 159

6. 赌徒型 / 159

7. 股评型 / 159

8. 入戏太深型 / 159
9. 偏执狂型 / 159
10. 赵括型 / 159
二、缠中说禅谈赌徒心理
1. 赌徒心理的特点 / 160
2. 赌徒心理的表现 / 160
3. 赌徒心理的纠正 / 161
三、缠中说禅谈买卖
四、缠中说禅谈预测
五、缠中说禅谈风险
六、缠中说禅谈资金管理
七、缠中说禅谈操作
第五章　如何认识和运用缠论
一、缠论的高等数学表达方式是否必要
二、缠论在概念描述上的诸种缺失
1. 笔定义缺陷 / 172
2. 线段的多标准和作用 / 173
3. 走势中枢定义的循环矛盾及复杂性 / 173
4. 中枢的意义和价值 / 175
5. 背驰精确与否 / 176
三、如何认识和看待技术理论
再版后记

导 言

缠中说禅炒股理论简称“缠论”，它主要包括两大板块：缠中说禅技术分析理论和缠中说禅投资思想。

缠中说禅技术分析理论较为复杂深奥，是缠论最主要的部分，也是广大学习缠论的读者较难理解和掌握的部分，它由缠中说禅形态学和缠中说禅动力学构成，其中形态学是根本，动力学是辅助。

第一章　缠中说禅形态学

缠中说禅形态学从本质上讲就是几何学。它包括两个相互联系又互为独立的系统，即K线系统和均线系统。

缠中说禅K线系统的操作思路是：通过K线包含处理，找出K线走势图中的顶底分型，依据顶底分型划分出笔，依据笔划分出线段，依据线段确定走势中枢，再根据走势中枢的情况，结合动力学部分的背驰及区间套，综合分析找出各类买卖点，然后依据各类买卖点执行实际交易。这是缠中说禅技术理论的核心和价值所在。

缠中说禅形态学的学习路径是：K线的包含处理—分型—笔—线段—走势中枢—买卖点。

一、K线的包含处理

1. K线的包含关系

学习缠中说禅的K线系统，第一步必须从K线的包含处理开始，因为只有理解和掌握了K线的包含处理，才能进入下一步分型、笔、线段等其他内容的学习。

打开K线走势图，可以发现两相邻K线在实际走势中存在着各种各样的关系，那么，什么叫两相邻K线的包含关系呢?

这里给出一个定义：一根K线的高低点全部在其相邻K线的高低点范围之内，那么，这根K线就和其相邻K线为包含关系（注意：K线的高低点包括 K 线上下影线）。

如图 1–1–1 所示，K 线 B 的高低点全部在其相邻 K 线 A 的范围之内，则 K 线 B 和 K 线 A 为包含关系。K 线 C 的高低点全部在其相邻 K 线 D 的范围之内，则 K 线 C 和 K 线 D 为包含关系。

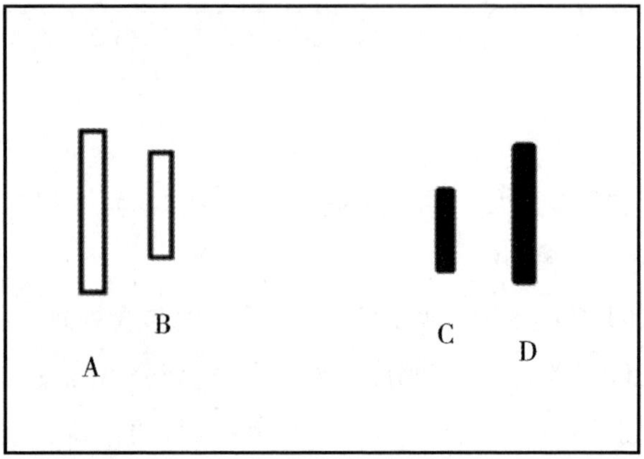

图 1–1–1

如图 1–1–2 所示，K 线 F 的高低点没有全部在其相邻 K 线 E 的范围之内，则 K 线 F 和 K 线 E 不属于包含关系；K 线 G 的高低点全部不在其相邻 K 线 H 的范围之内，则 K 线 G 和 K 线 H 不属于包含关系。

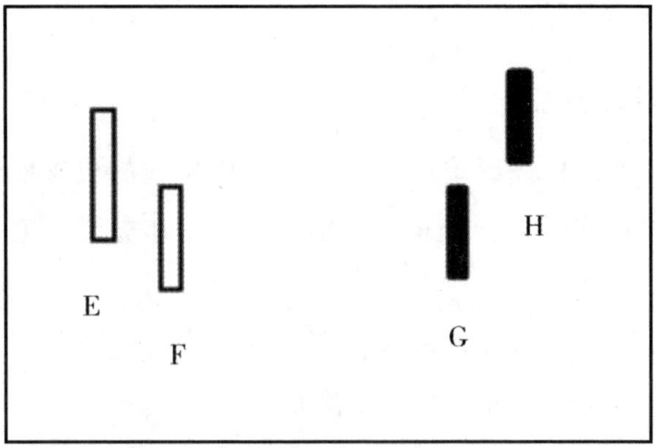

图 1–1–2

如图 1–1–3 所示，方框内的两相邻 K 线为包含关系，大家可细心观察。

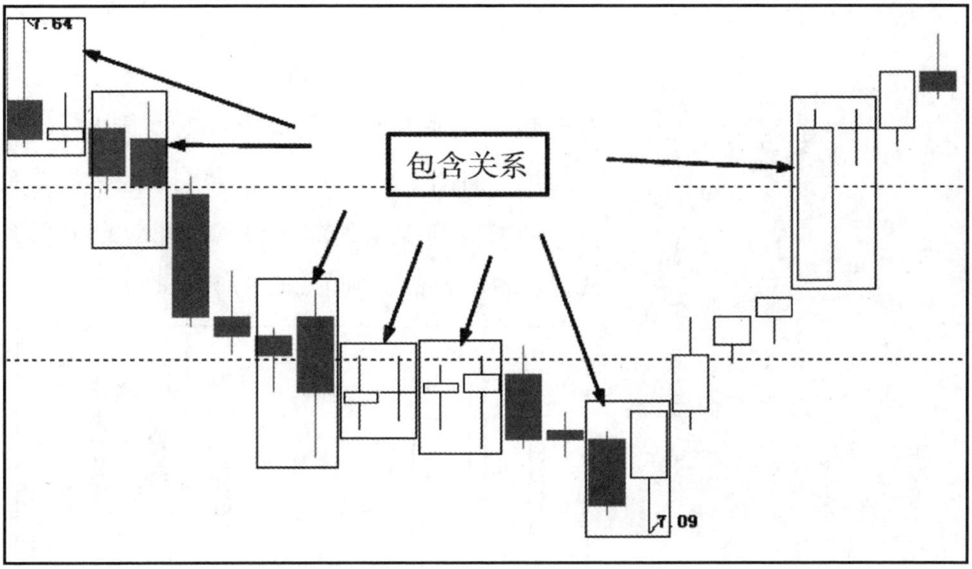

图 1-1-3

2. K 线包含处理原则

K 线走势图中，经常看到有一些存在包含关系的K线，为了准确识别K线走势中的顶底分型，从而找出趋势中的相对高点、相对低点，有必要对这些存在包含关系的 K 线进行包含处理。

所谓包含处理，就是将有包含关系的相邻两根 K 线合并成一根 K 线，即简化处理。

K 线包含处理分两种情况：向上处理和向下处理。

1）向上处理

存在包含关系的两根 K 线合并时，当第一根 K 线的高点比其前一根具有非包含关系 K 线的高点高时，具有包含关系的两根 K 线向上处理。

实际图形里，有些复杂的关系会出现，就是相邻两K线可以出现包含关系，也就是一K线的高低点全在另一K线的范围里。这种情况下，可以这样处理：在向上时，把两K线的最高点当高点，而两K线低点中的较高者当成低点，这样就把两K线合并成一新的K线；反之，当向下时，把两K线的最低点当低点，而两K线高点中的较低者当成高点，这样就把两K线合并成一新的K线。经过这样的处理，所有K线图都可以处理成没有包含关系的图形。（教你炒股票62）

如图 1–1–4 所示，左图中 B、C 为具有包含关系的两相邻 K 线，当 B 的高点比其前一根具有非包含关系 K 线 A 的高点高时，则 B、C 向上处理。右图 F、G 为具有包含关系的两相邻 K 线，当 F 的高点比其前一根具有非包含关系 K 线 E 的高点高时，则 F、G 向上处理。

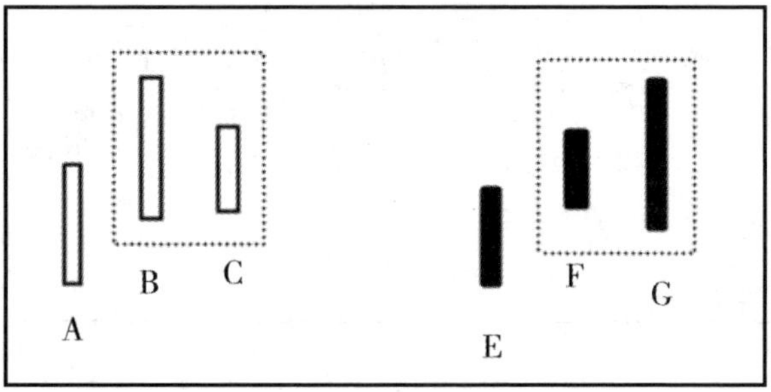

图 1–1–4

2）向下处理

存在包含关系的两根 K 线合并时，当第一根 K 线的高点比其前一根具有非包含关系 K 线的高点低时，具有包含关系的两根 K 线向下处理。

如图 1–1–5 所示，左图 B、C 为具有包含关系的两根 K 线，当 B 的高点比其前一根具有非包含关系 K 线 A 的高点低时，则 B、C 向下处理。右图 F、G 为具有包含关系的两根 K 线，当 F 的高点比其前一根具有非包含关系 K 线 E 的高点低时，则 F、G 向下处理。

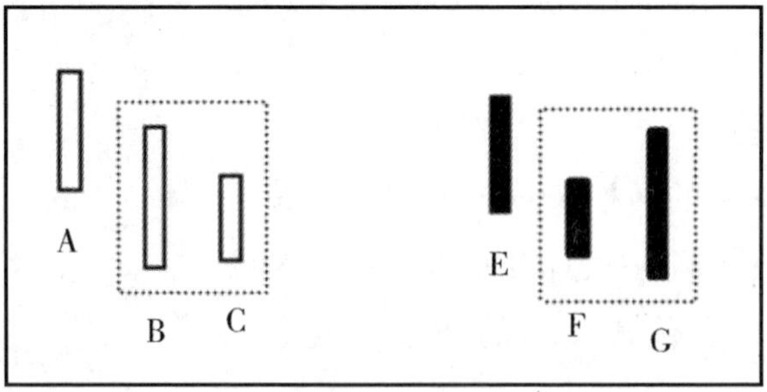

图 1–1–5

图 1–1–6 所示为向上处理及向下处理实图。图中 B 比 A 低，B 处包含关系向下处理；D 比 C 低，D 处包含关系向下处理；F 比 E 高，F 处包含关系向上处理；H 比 G 高，H 处包含关系向上处理。

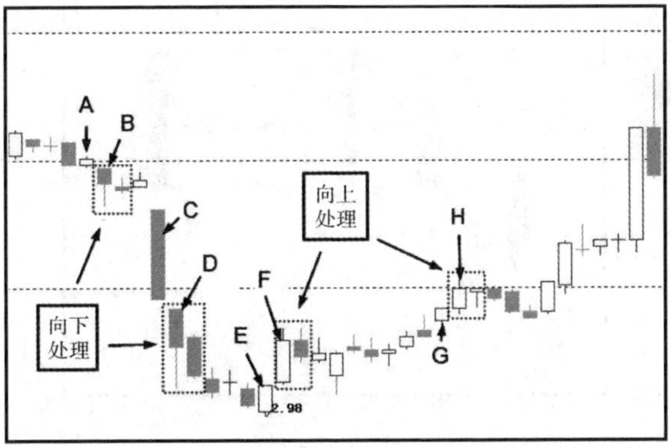

图 1–1–6

3）向上处理的原则

K 线包含向上处理时，取两根 K 线中的最高点为高点，次低点为低点，合并成一根新 K 线。

如图 1–1–7 所示，B、C 向上处理，取两根 K 线中的最高点为高点，次低点为低点，合并成新 K 线 D。

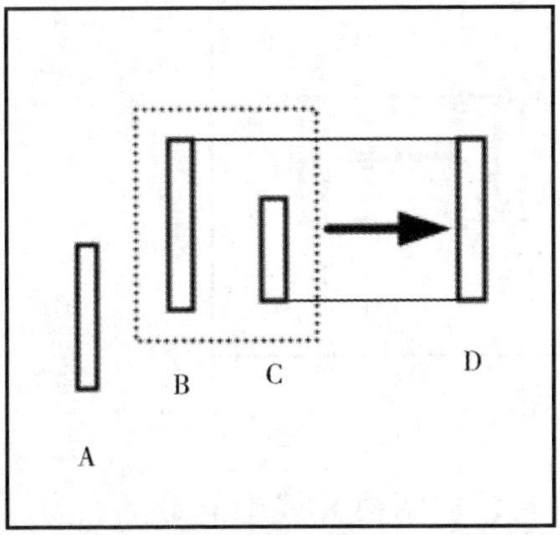

图 1–1–7

> 假设，第 n 根 K 线满足第 n 根与第 n+1 根的包含关系，而第 n 根与第 n−1 根不是包含关系，如果 gn ≥ gn−1，那么称第 n−1、n、n+1 根 K 线是向上的；如果 dn ≤ dn−1，那么称第 n−1、n、n+1 根 K 线是向下的。（教你炒股票 65）

如图 1–1–8 所示，F、G 向上处理，取两根 K 线中的最高点为高点，次低点为低点，合并成新 K 线 H。

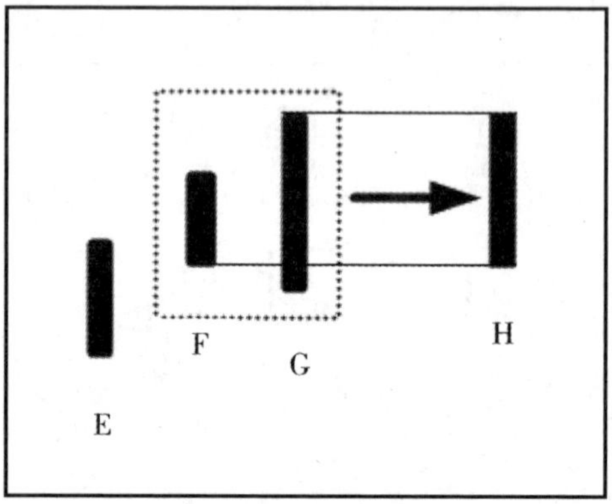

图 1–1–8

4）向下处理的原则

K 线包含向下处理时，取两根 K 线中的最低点为低点，次高点为高点，合并成一根新 K 线。

如图 1–1–9 所示，B、C 向下处理，取两根 K 线中的最低点为低点，次高点为高点，合并成新 K 线 D。

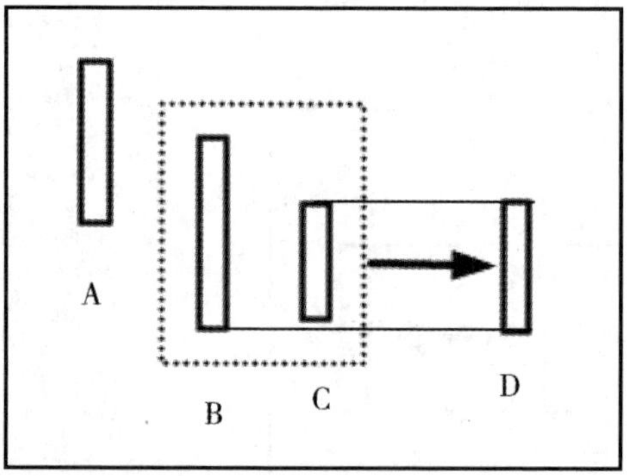

图 1–1–9

如图 1–1–10 所示，F、G 向下处理，取两根 K 线中的最低点为低点，次高点为高点，合并成新 K 线 H。

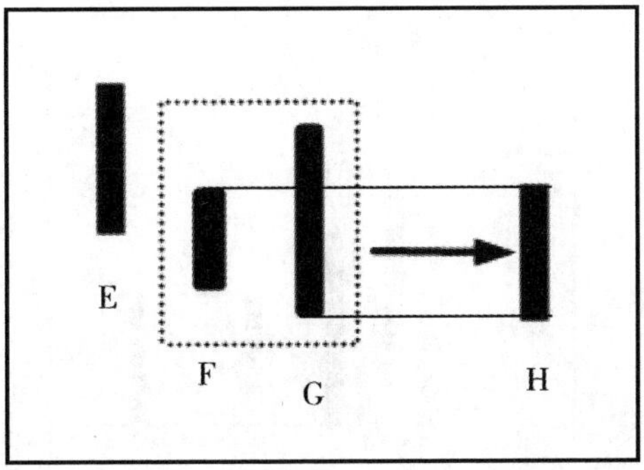

图 1–1–10

注意：笔者在拙作《磁区理论》中，曾将具有包含关系的两根 K 线定义为母子 K 线，其中长的那根称母线，短的那根称子线。处理的口诀是：向上处理，取母高子低；向下处理，取子高母低。该口诀方便理解和记忆，在此介绍给读者。

如图 1–1–11 所示，b、c 为母子 K 线，向上处理时，取母高子低，即 b 的高点和 c 的低点，产生新 K 线 d。

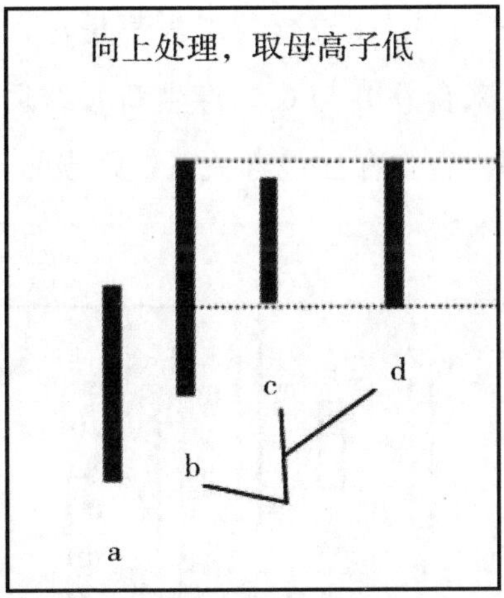

图 1–1–11

如图 1–1–12 所示，b、c 为母子 K 线，向下处理时，取子高母低，即 c 的高点和 b 的低点，产生新 K 线 d。

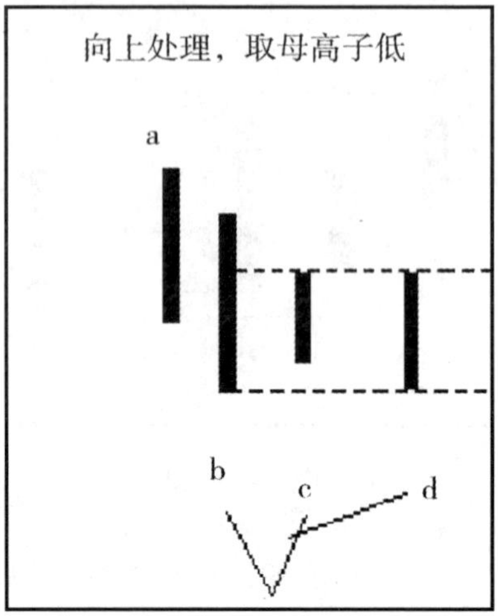

图 1–1–12

3. K 线包含处理顺序

进行 K 线包含处理时，必须按照时间的先后顺序来进行，即先合并前面的，再依次合并后面的，否则可能发生紊乱和错误。

如图 1–1–13 中，B 与 C，C 与 D 看上去都是包含关系，但合并处理时，要求按照时间先后顺序来合并 B 与 C ，产生新 K 线后再与 D 比较。若仍存在包含关系，再合并处理；若不存在包含关系，则当然不用再进行包含处理。E 与 F、F 与 G 之间同理。

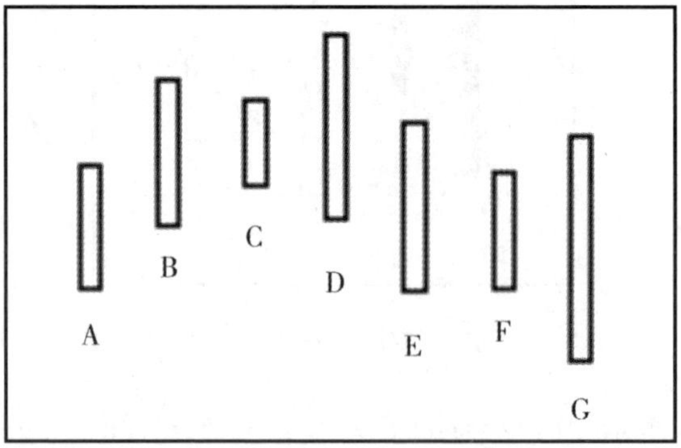

图 1–1–13

结合实例，试范讲解一下走势图中K线合并的全部演化过程。

第一步，合并B与C，因为B的高点比A的高点高，B、C向上处理，取母高子低，结果产生新K线M，如图1-1-14所示。

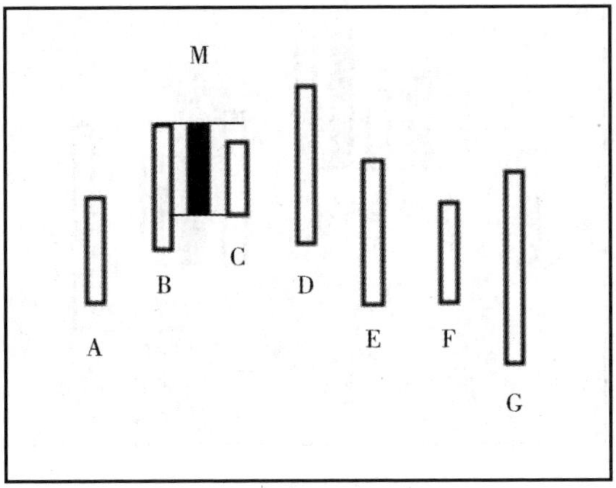

图1-1-14

第二步，考察新生K线M与原K线D之间的关系，发现M与D仍为包含关系，则继续合并。此时因M的高点比A的高点高，M、D向上处理，取母高子低，结果产生新K线N，如图1-1-15所示。

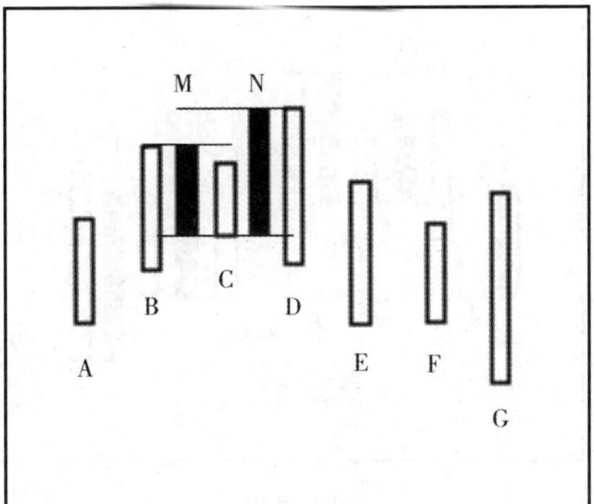

图1-1-15

第三步，合并 E 与 F。因 E 的高点比 N 的高点低，E、F 向下处理，取子高母低，结果产生新 K 线 O，如图 1-1-16 所示。

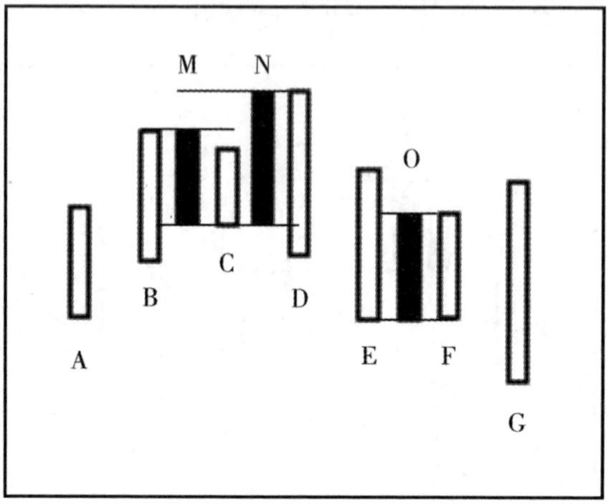

图 1-1-16

第四步，考察新生 K 线 O 与 K 线 G，发现 O 与 G 仍为包含关系，继续合并。因 O 的高点比 N 的高点低，O、G 向下处理，取子高母低，结果产生新 K 线 P，如图 1-1-17 所示。

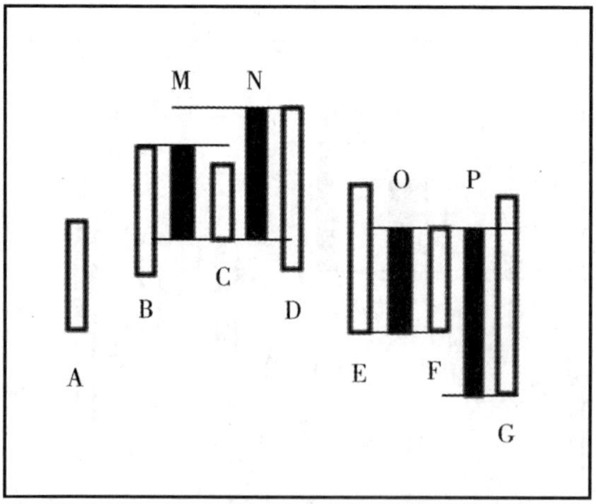

图 1-1-17

这样，通过彻底合并处理，图1-1-13中的K线走势就变成A、N、P三条K线，如图1-1-18所示。

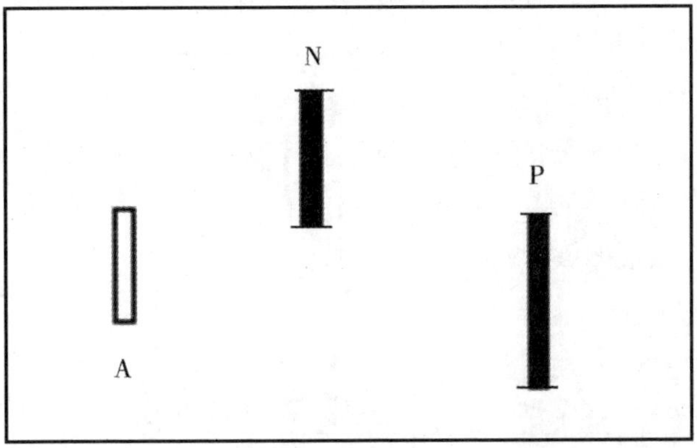

图 1-1-18

注意：经过彻底合并处理后的K线图中，一定不存在有包含关系的K线，否则就是合并不彻底，仍有继续合并处理的要求。

结语：进行K线包含处理的主要目的是为了识别顶、底分型，因此，对于K线图中的某些非关键位置的包含K线，就没必要一定进行合并处理。只要熟练掌握了其方法，K线包含处理一眼就能看出个大概来。多加练习，熟能生巧，即可轻松解决这一问题。

二、分型

分型是缠论K线系统中的一个极为关键的概念，源自K线组合的一个完全分类，是一个纯理论的推导。最早提出分型概念的是美国证券研究者比尔·威廉姆斯博士，他在《混沌操作法》一书中，将分型（Fractal，台湾地区翻译为“碎形”）称为上分型和下分型。缠中说缠在“教你炒股票”108课中，将分型加以简化，称为顶分型和底分型。

（1）结合律是有关本ID这理论中最基础的，在K线的包含关系中，当然也需要遵守。而包含关系不符合传递律，也就是说，第一、第二根K线是包含关系，第二、第三根也是包含关系，但并不意味着第一、第三根就有包含关系。因此，在K线包含关系的分析中，还要遵守顺序原则，就是先用第一、第二根K线的包含关系确认新的K线，然后用新的K线去和第三根比。如果有包含关系，继续用包含关系的法则结合成新的K线；如果没有，就按正常K线去处理。（教你炒股票65）

图中①这种，第二根K线高点是相邻三K线高点中最高的，而低点也是相邻三K线低点中最高的，本ID给一个定义叫顶分型；图②这种叫底分型，第二根K线低点是相邻三K线低点中最低的，而高点也是相邻三K线高点中最

如图 1–2–1 所示，连续三根经由包含处理后的 K 线，按照完全分类方法，仅可以组合成四种不同的结构，其中 2 和 4 就是分型。

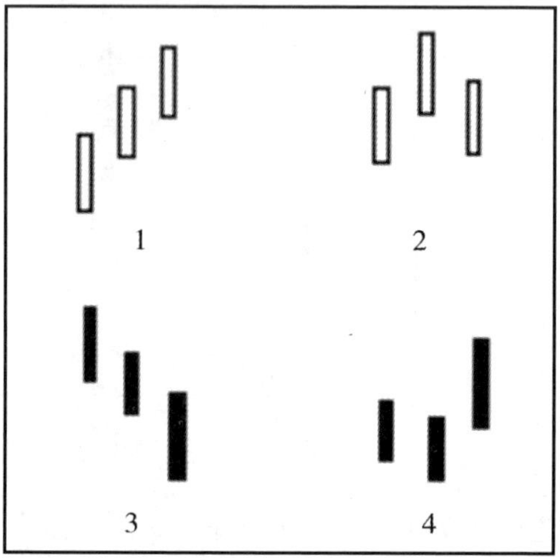

图 1–2–1

分型由连续三根经由包含处理后的 K 线构成。分型有两种表现形式：顶分型、底分型。

1. 顶分型

定义：三根经由包含处理后的连续 K 线，若中间那根 K 线的高点最高，那么这种组合形态就叫顶分型。

注意：定义中的 K 线，必须是经包含处理后的 K 线。

如图 1–2–2 所示，图中两组 K 线中，中间 K 线的高点都是最高的，这种组合形态就叫顶分型。

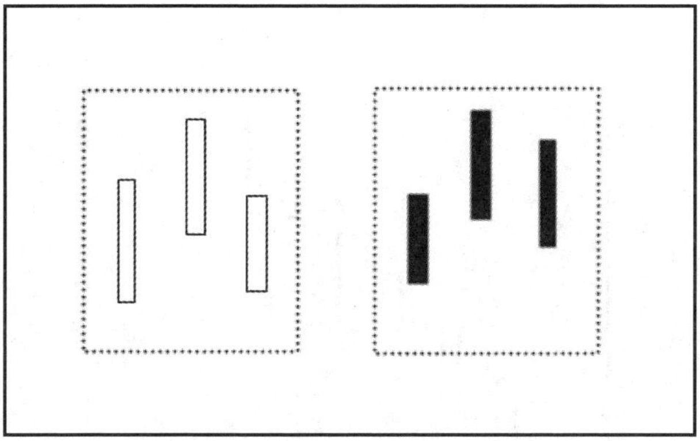

图 1–2–2

顶分型的最高点称为顶。如图 1–2–3 所示，中间 K 线的最高点叫做顶。

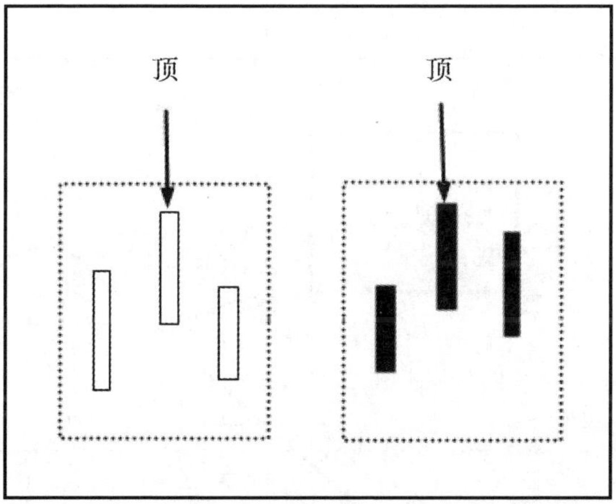

图 1–2–3

顶分型是上涨过程将出现转折的信号。一只上升中的股票，如果连顶分型都没有出现，就不应急于卖出。

如图 1–2–4 所示，上涨过程中一直未出现顶分型，暂时持股。

低的。（教你炒股票 62）

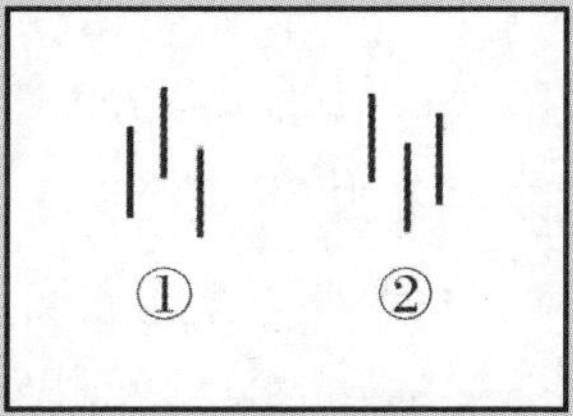

三根 K 线就可以决定一个分型，但注意，任何相邻的分型之间必须满足结合律。也就是，不能有些 K 线分属不同的分型，这样是不允许的。（教你炒股票 77）

没有顶分型，没有顶；反之，没有底分型，没有底。（教你炒股票 81）

显然，一个顶分型之所以成立，是卖的分力最终战胜了买的分力。其中，买的分力有三次努力，而卖的分力有三次阻击。用最标准的已经过包含处理的三K线模型：第一根K线的高点，被卖分力阻击后出现回落，这个回落，出现在第一根K线的上影线部分或者第二根K线的下影线部分。在第二根K线中，出现一个更高的高点，但这个高点，显然与第一根K线的高点中出现的买的分力，一定在小级别上出现力度背驰，从而至少制造了第二根K线的上影线部分。最后，第三根K线，会再次继续一次买的分力的攻击，但这个攻击完全被卖的分力击败，从而不能制造一个新高点，在小级别上，大致出现一种第二类卖点的走势。（教你炒股票82）

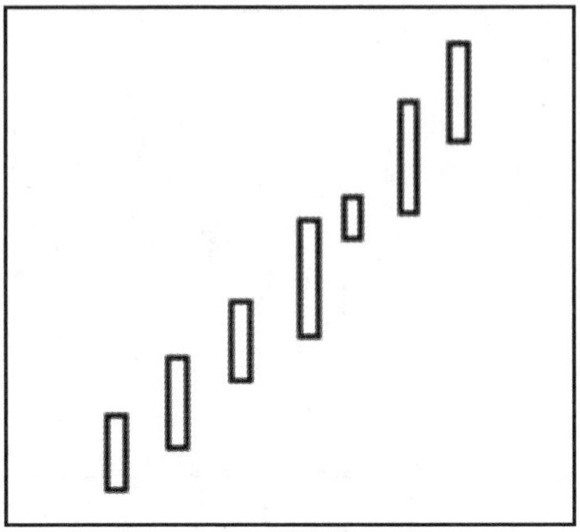

图 1-2-4

如图 1-2-5 所示，实线所指的上涨过程中一直未出现顶分型，暂时持股。

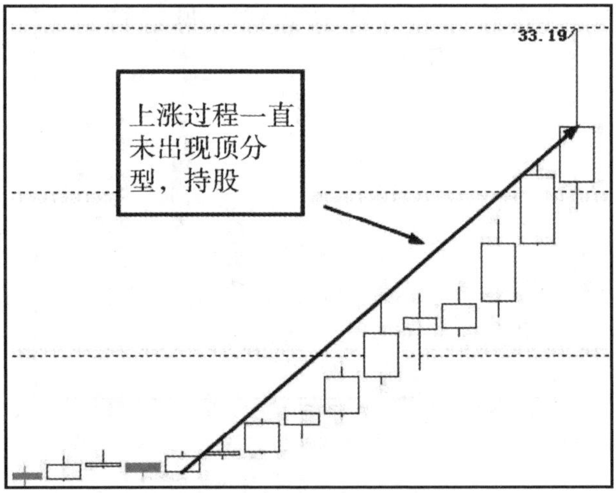

图 1-2-5

在上涨过程中，第一次出现的顶分型，如果形态上不十分强烈，那么一般情况下可能是中继顶分型，不会立即导致行情向下转折。但如果是第二次或第三次连续出现顶分型，就必须特别小心。这个时候的顶分型，向下转折的概率非常大。

如图 1-2-6 所示，当出现第二个顶分型 B 时，行情向下转折的概率加大，应当引起重视。

> 由上可见，一个分型结构的出现，如同中枢，都是经过一个三次的反复心理较量过程，只是中枢用的是三个次级别。所谓“一而再，再而三，三而竭”，所以一个顶分型就这样出现了。而底分型的情况，反过来就是。（教你炒股票 82）

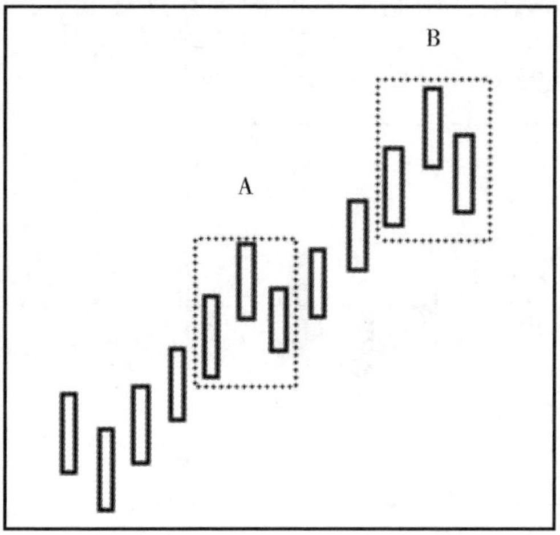

图 1-2-6

如图 1-2-7 所示，在上涨过程中，当出现第二个顶分型 2 时，行情向下转折的概率加大，应当引起重视。

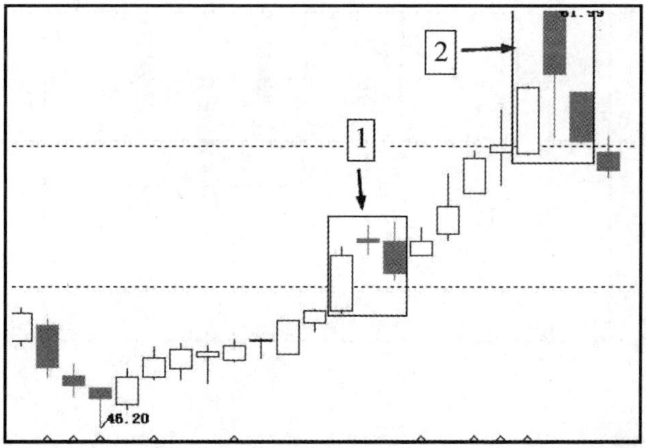

图 1-2-7

2. 底分型

定义：三根经包含处理后的连续 K 线，若中间那根 K 线的低点最低，那么这种组合形态就叫底分型。

注意：定义中的 K 线，必须是经过包含处理后的 K 线。

如图 1-2-8 所示，图中两种 K 线中，中间 K 线的低点都是最低点，这种组合形态就叫底分型。

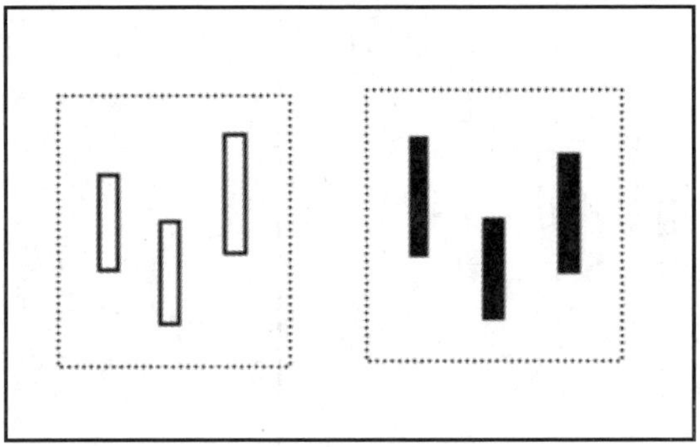

图 1-2-8

底分型的最低点称为底。如图 1-2-9 所示，中间 K 线的最低点叫做底。

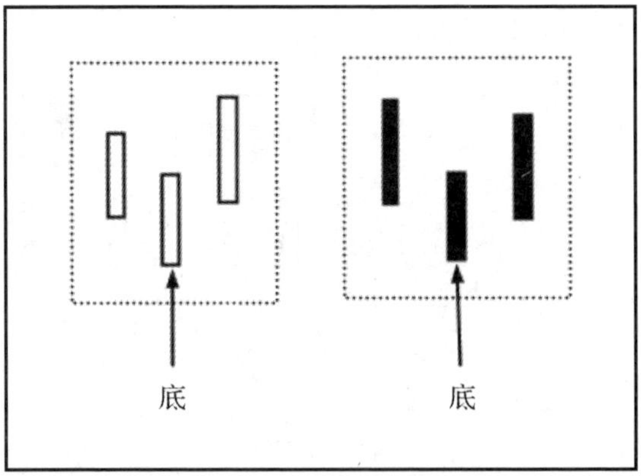

图 1-2-9

底分型是下跌过程将出现转折的信号。一只下跌中的股票，如果连底分型都没有出现，就不应急于买入。

如图 1–2–10 所示，下跌过程中一直未出现底分型，暂时持币。

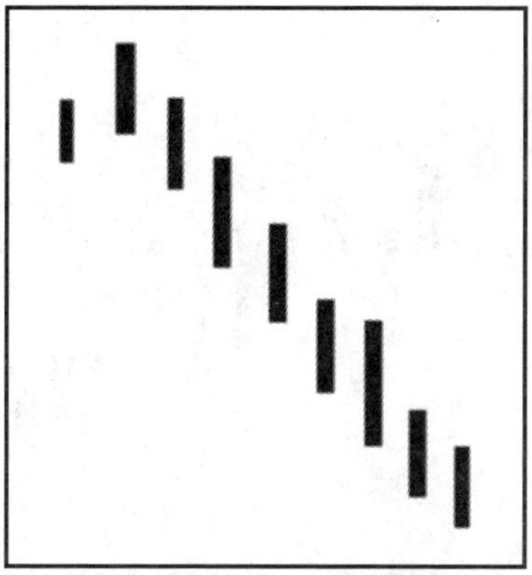

图 1–2–10

如图 1–2–11 所示，实线所指的下跌过程中一直没出现底分型，所以暂时不用考虑买入。

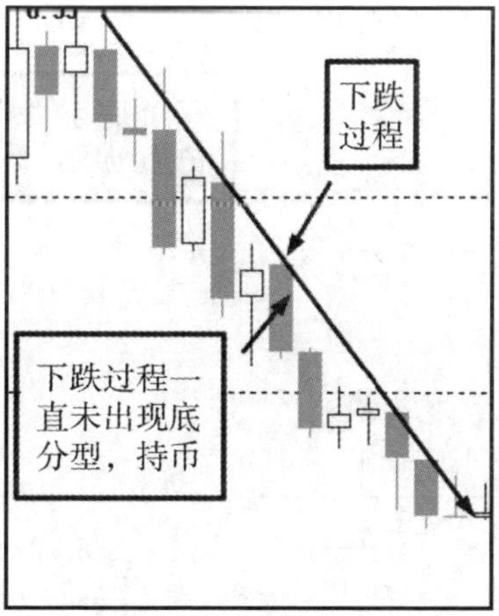

图 1–2–11

下跌过程中第一次出现底分型，如果形态上不十分强烈，那么一般情况下都是中继底分型，不会立即导致行情向上转折。如果是连续两次或三次出现底分型，就必须特别小心。这个时候的底分型，向上转折的概率非常大。

如图 1–2–12 所示，当出现第三个底分型 C 时，向上转折的概率已非常大，应当引起高度重视。

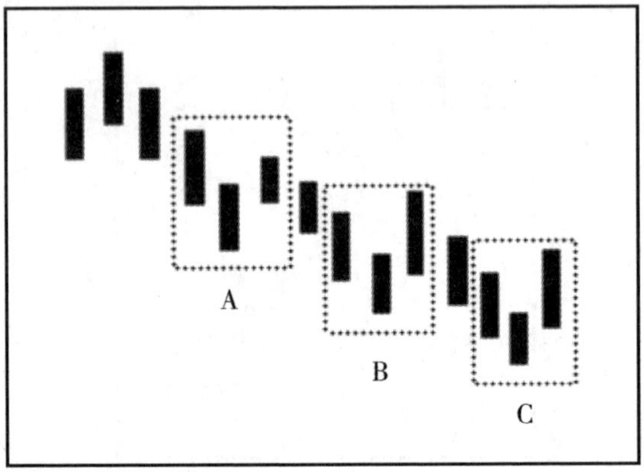

图 1–2–12

如图 1–2–13 所示，在下跌过程中，底分型 3 出现时，向上转折的概率已非常大，应当引起高度重视。

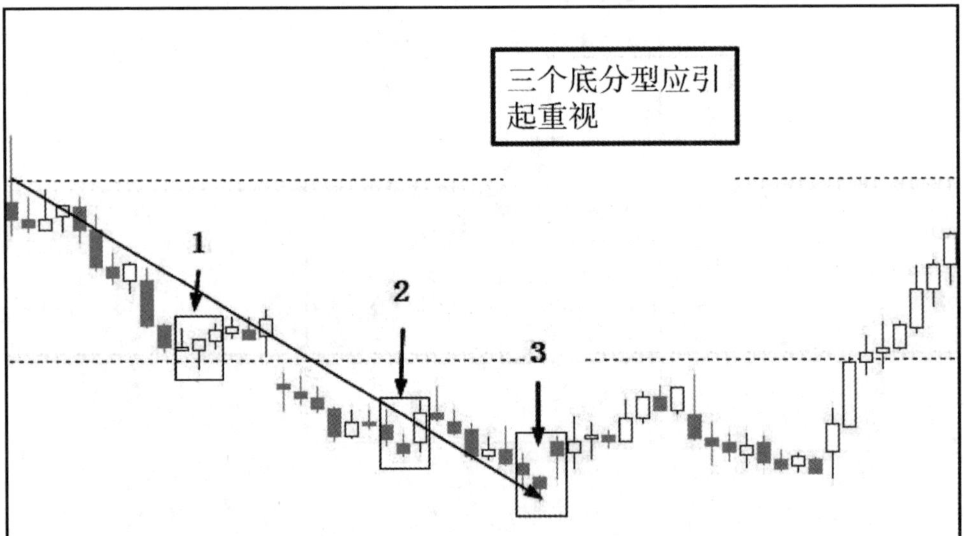

图 1–2–13

3. 分型中三根 K 线的指导意义

分型由三根 K 线组成。由三根 K 线组成的分型尽管结构相同，形态上却千差万别。

首先，一个完全没有包含关系的分型结构，意味着市场双方都是直截了当，没有太多的犹豫。而有包含关系的分形结构，意味着犹豫和不确定的观望。

如图 1–2–14 所示，左边为没有包含关系的分型，右边为有包含关系且结构较复杂的分型。

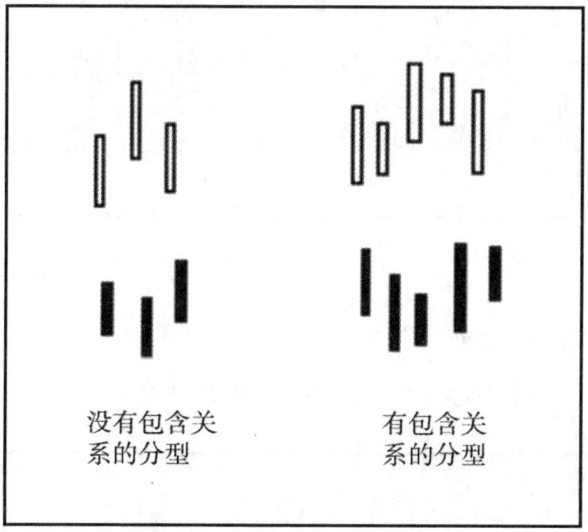

图 1–2–14

这里用没有包含关系的顶分型为例进行讲解。如果第一根 K 线是一根长阳线，而第二根、第三根都是小阴线、小阳线，那么这个分型结构的意义就不大。一般来说，这种顶分型成为真正顶的可能性很小，绝大多数都是中继性的。如果第二根 K 线是长上影 K 线甚至就是直接的长阴线，而第三根 K 线不能以阳线收在第二根 K 线区间的一半之上，那么该顶分型的力度就比较大，最终延续成终结型顶分型的可能性就极大了。

如图 1–2–15 所示，左边的分型结构意义较小，右边的分型结构意义较大。

一般来说，非包含关系（处理后）的顶分型中，第三根 K 线如果跌破第一根K线的底而且不能高收到第一根K线区间的一半之上，属于最弱的一种。也就是说，这种顶分型具有较强的杀伤力。

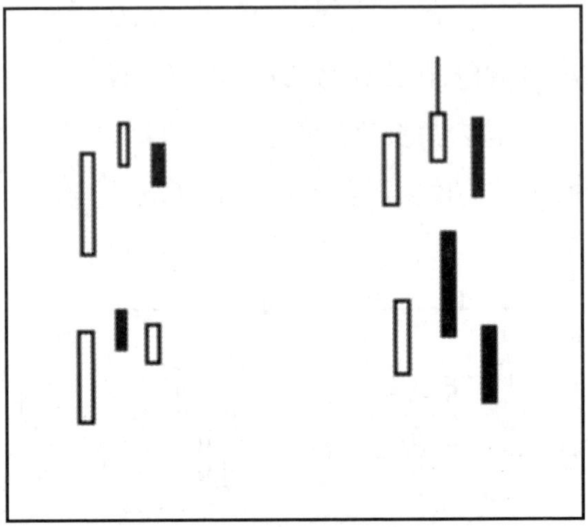

图 1–2–15

如图1–2–16所示，这种顶分型属于顶分型中较弱的一种，有较强的杀伤力，应当警惕。这种分型成为终结型顶分型的概率很大。

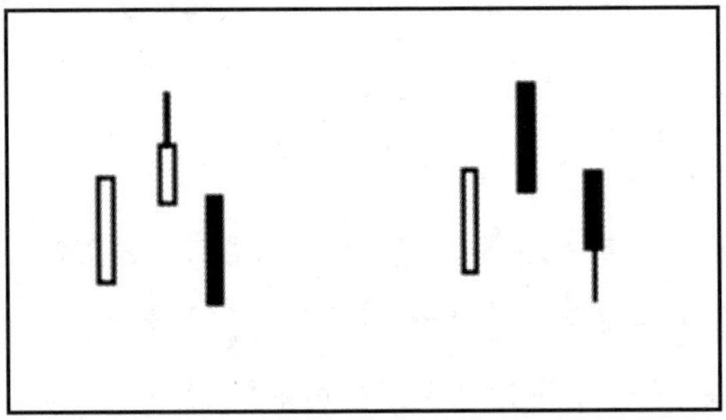

图 1–2–16

底分型的情况与顶分型相反，反向理解即可。

图 1–2–17、1–2–18 是顶底分型实例，读者可以仔细对照观察一下。

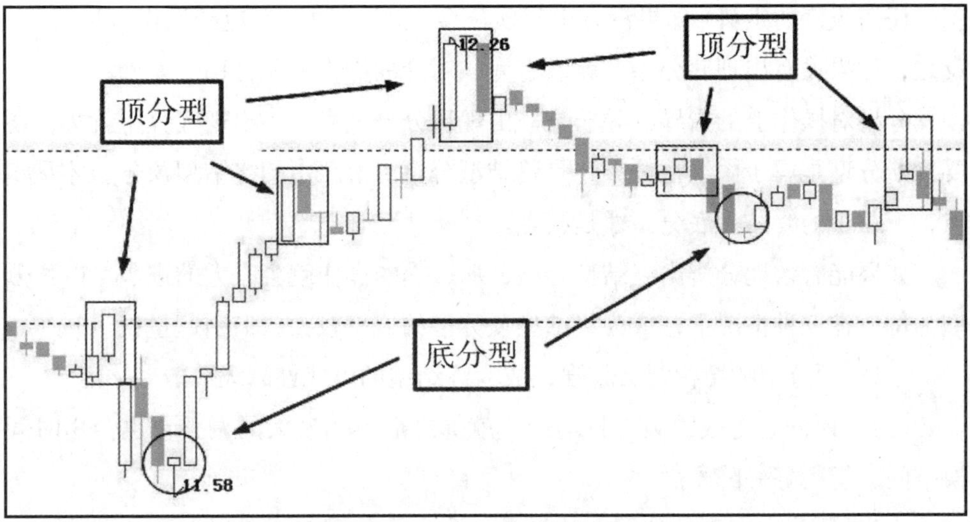

图 1–2–17

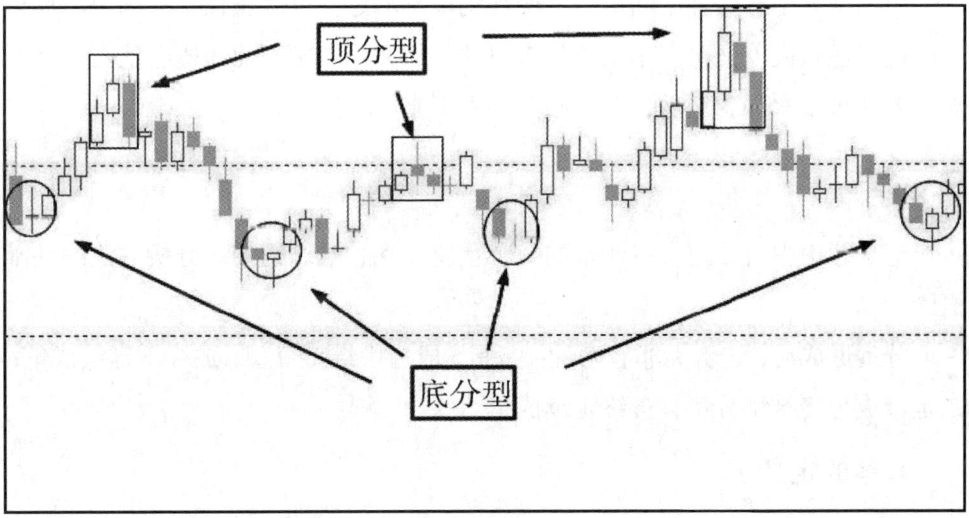

图 1–2–18

结语：缠论中的分型，是定义缠论中笔概念的基础，必须熟练掌握。缠论关于分型的定义，源自 K 线组合的一个完全分类，是一个纯理论的推导。分型的结构相同，形态却千差万别。

任何级别的走势，如果没有出现顶分型，就没有顶，对应的操作就是持股；反之，如果没有出现底分型，就没有底，对应的操作就是持币。

分型对操作上的指导，并非是一出现顶分型就卖，一出现底分型就买，还要判断分型是属于中继型分型还是终结型分型。上涨中的终结型顶分型才是卖点，下跌中的终结型底分型才是买点。

如果能有效地分辨出终结型分型，那么你的操作就会有大的进步。以顶分型为例，在三种情况下，成为终结型顶分型的概率较大，需引起重视。

（1）顶分型的结构意义越强，成为终结型的可能性越大。

（2）顶分型有效跌破 5 日均线，就算之后不出现大的调整，也会用时间换空间，折腾好一阵子。

（3）顶分型出现的位置，如果是该次上涨的第二个或以上顶分型位置，一般为中继型的可能性将大幅降低。

中继型分型有点类似刹车，一次踩刹车不一定完全能刹住，但刹车后如果车速已明显减慢，证明刹车系统是有效的，那么第二次刹住的机会就会大大增加。尤其是多次踩刹之后，车子必然会停下来。

三、笔

笔是缠论中由分型发展而来的一个重要概念，是缠论划线分析方法的基础概念。

分型形成后，走势无非有两种：一是，成为中继型分型，最终不延续成笔；二是，成为终结型分型，最终延续成笔。

1. 笔的定义

定义：两相邻顶分型和底分型顶底之间的连线称为笔。

如图 1–3–1 所示，AB 是顶分型与底分型顶底之间的连线，AB 叫做笔；BC 是底分型和顶分型底顶之间的连线，BC 也叫做笔。

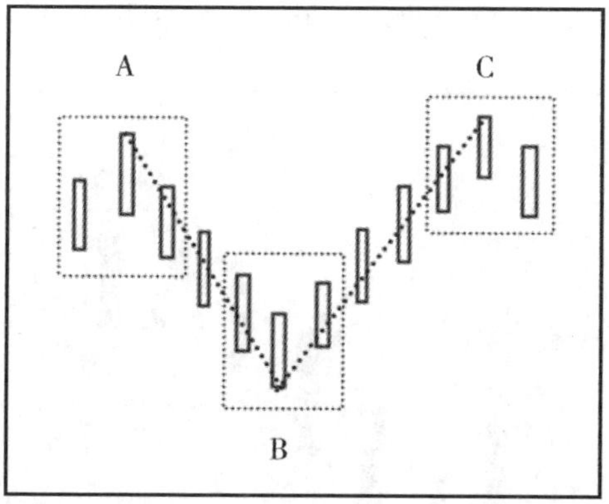

图 1–3–1

两个相邻的顶和底之间构成一笔。所谓笔，就是顶和底之间的其他波动，都可以忽略不算。但注意，一定是相邻的顶和底，隔了几个就不是了。所谓的线段，就是至少由三笔组成。但这里有一个细微的地方要分清楚，因为结合律是必须遵守的，像图中 3 这种，顶和底之间必须共用一根 K 线，这就违反结合律了，所以这不算一笔，而图中 4，就光是顶和底了，中间没有其他 K 线，一般来说，最好也不算一笔。而图中 5，是一笔的最基本的图形，顶和底之间还有一根 K 线。在实际分析中，都要求顶和底之间必须至少有一根 K 线，把这个当成一

2. 笔的最基本要求

顶分型和底分型之间至少有一根独立 K 线。

如图 1–3–2 所示，A、B 之间至少要有一根独立的 K 线，这样 AB 才能称为笔。

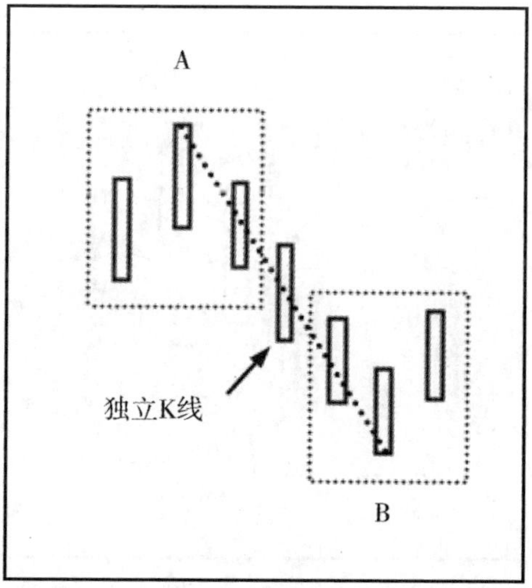

图 1–3–2

如图 1–3–3 所示，C、D 之间至少要求有一

根独立 K 线，这样 CD 才能称为笔。

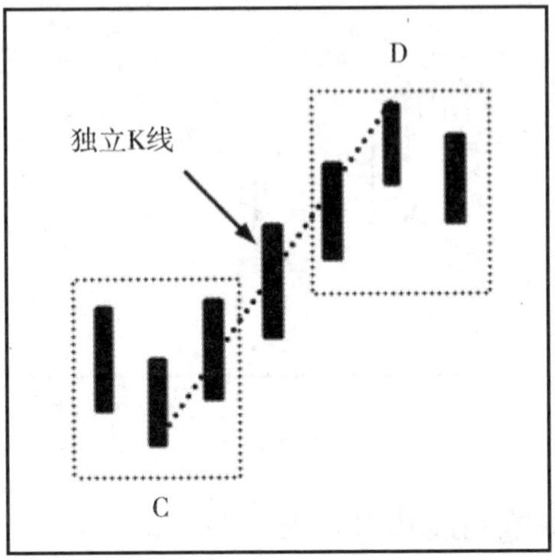

图 1-3-3

如图 1-3-4 所示，底分型直接连着顶分型，E、F 之间没有独立 K 线，EF 就不能成为笔。

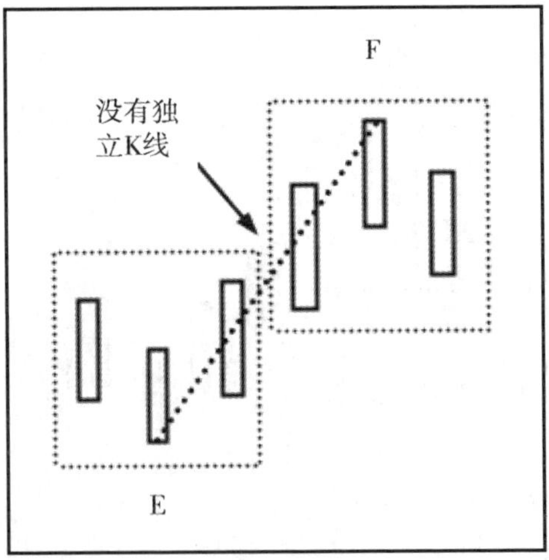

图 1-3-4

如图 1-3-5 所示，顶分型直接连着底分型，G、H 之间没有独立 K 线，GH 就不能成为笔。

笔的最基本要求。（教你炒股票 62）

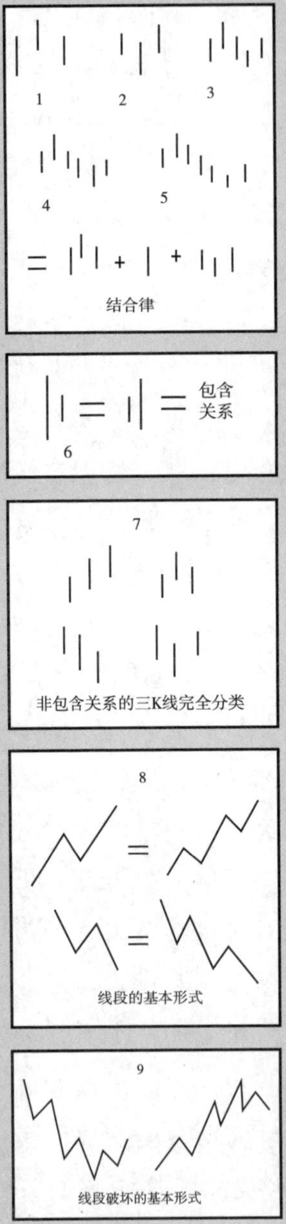

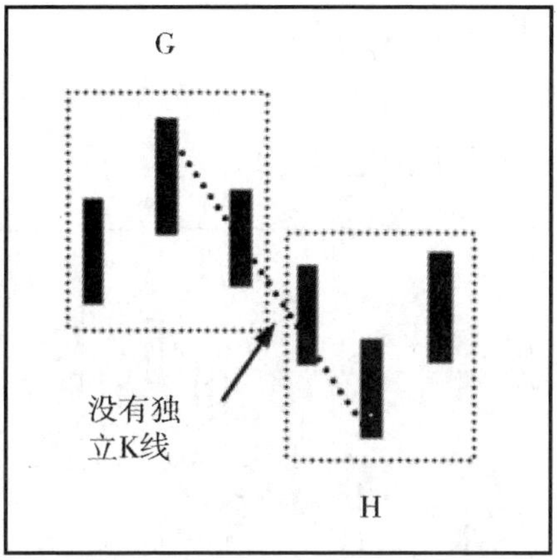

图 1-3-5

注意: 笔中顶底之间的独立 K 线可以有一根，也可以有无数根。

如图 1-3-6 所示，图中箭头所指处都是笔。顶底之间的独立 K 线可以有多有少，但最少要有一根。

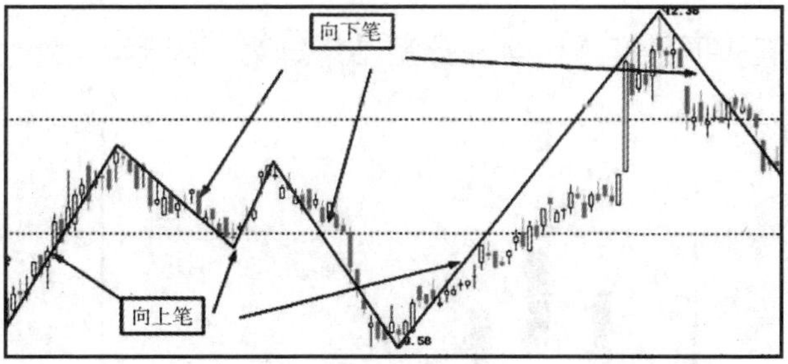

图 1-3-6

3. 上升笔和下降笔

从方向上来说，笔分为上升笔和下降笔。

1）上升笔

由底分型开始至顶分型结束的笔，称为上升

上升的一笔，由结合律，就一定是底分型＋上升K线＋顶分型；下降的一笔，就是顶分型＋下降K线＋底分型。注意，这里的上升、下降K线，不一定都是3根，可以是无数根，只要一直保持这个定义就可以。当然，简单的，也可以是一两根，只要不违反结合律和定义就可以。（教你炒股票62）

笔，必须是一顶一底，而且顶和底之间至少有一根K线不属于顶分型与底分型。当然，还有一个最显然的，就是在同一笔中，顶分型中最高那根K线的区间至少要有一部分高于底分型中最低那根K线的区

间。如果这一条都不满足，也就是顶都在底的范围内或顶比底还低，这显然是不可接受的。（教你炒股票72）

在确定笔的过程中，必须要满足上面的条件，这样可以唯一确定出笔的划分。这个划分的唯一性很容易证明，假设有两个都满足条件的划分，这两个划分要有所不同，必然是两个划分从第N-1笔以前都是相同的，从第N笔开始出现第一个不同，这个N可以等于1，这样就是从一开始就不同。那么第N-1笔结束的位置的分型，显然对于两个划分的性质是一样的，都是顶或底。对

笔，即方向向上的笔。

如图1-3-7所示，AB笔从底分型开始至顶分型结束，为上升笔。

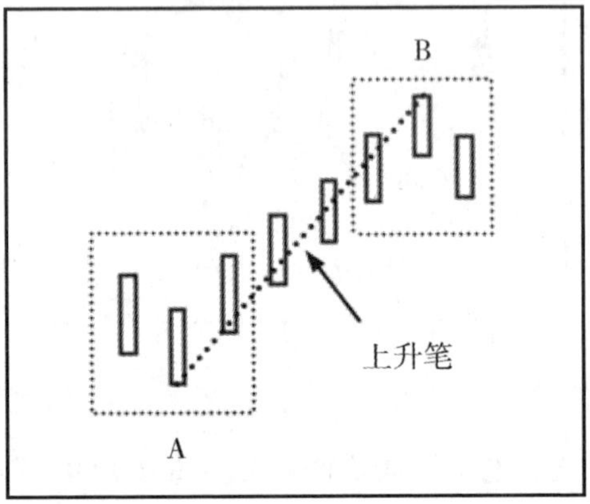

图 1–3–7

2）下降笔

由顶分型开始至底分型结束的笔，称为下降笔，即方向向下的笔。 如图1-3-8所示，CD笔从顶分型开始至底分型结束，为下降笔。

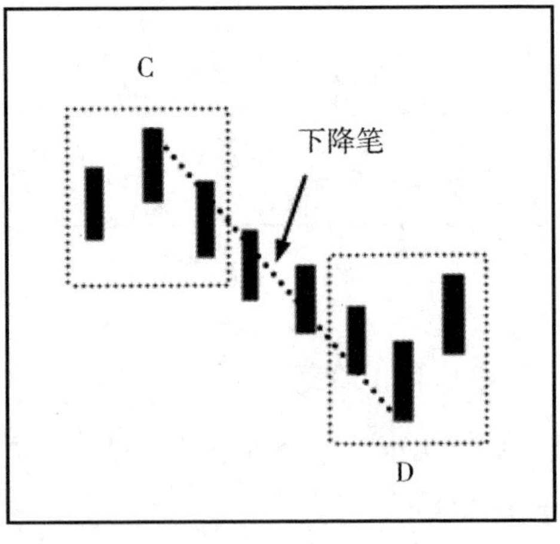

图 1–3–8

小结：先底后顶，构成向上一笔。先顶后底，构成向下一笔。所有走势，都是由上升笔和下降笔交替连接而成的。

如图 1-3-9 所示，图中走势就是由上升笔和下降笔交替连接而成的。

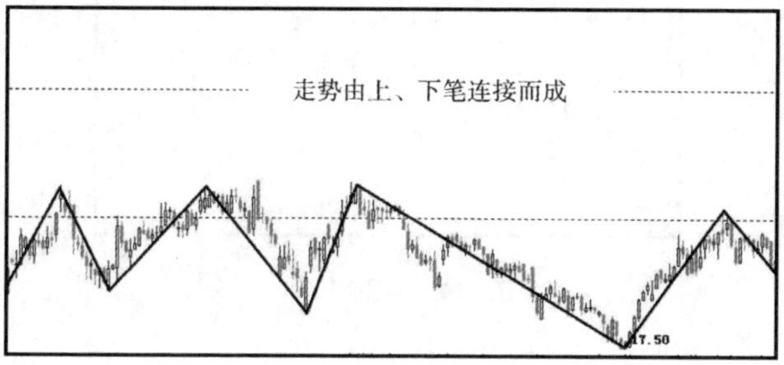

图 1-3-9

4. 划分笔的步骤

第一步，先确定 K 线图中的标准分型。即通过 K 线包含处理，找出要分析图形中的顶分型和底分型。

第二步，图中包含两个或多个同性质分型的，如果是顶分型，后面的顶高于前面的顶，则只保留后面的；如果是底分型，后面的底低于前面的底，则只保留后面的。

如图 1-3-10 所示，A、B 为相同性质的顶分型，B 高于 A，则只保留 B。

于是顶的情况，那么第 N 笔，其底对于两个划分必然对应不同的底分型，否则这笔对两个划分就是相同的，这显然矛盾。由于分型的划分是唯一的，因此，这两种不同的划分里在第 N 笔对应的底分型，在顺序上必然有前后高低之分，而且在这两个底之间不可能还存在一个顶，否则这里就不是一笔了。（教你炒股票 72）

如果前面的底高于后面的底，那么前面的划分显然是错误的，因为按这种划分，该笔是没有完成的。一个底不经过一个顶后就有一个更低的底，这是最典型的笔没完成的情况。（教

你炒股票72）

如果前面的底不低于后面的底，那么再下面一个顶分型出现前，假若有一个底分型低于前面的底，那么，这两种划分都是不正确的，所划分的笔都是没完成的；如下面一个顶分型出现前，没有一个底分型低于前面的底，那么下面一个顶分型必然高于前面的底，因此，前面的底和这个顶分型就是新的N+1笔，因此，第N笔和第N+1笔就有了唯一的划分，这与第N笔开始有不同划分相矛盾。（教你炒股票72）

从上面笔划分的唯一性证明中，其

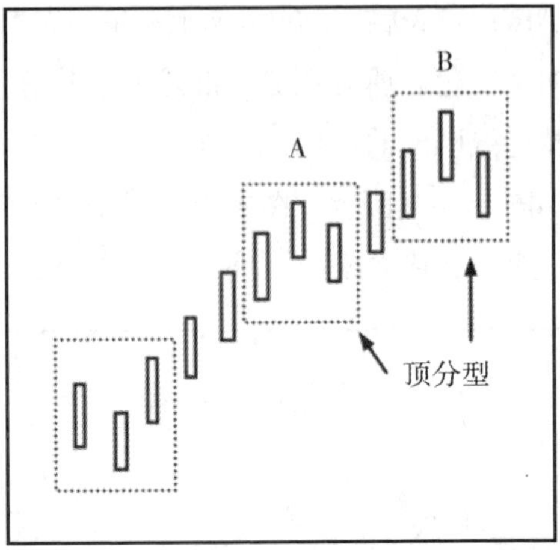

图 1–3–10

如图 1–3–11 所示，C、D 为相同性质的底分型，D 低于 C，则只保留 D。

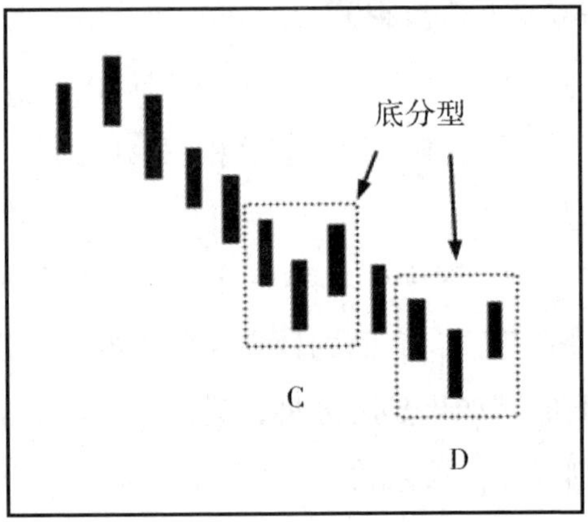

图 1–3–11

在第二步中，常常会出现一些被省略掉的顶底分型，这些被省略掉的顶底分型都是中继性的，又称中继型分型，其分析意义不大。

第三步，经过前两步处理之后，图形中余下

的分型，如果相邻的是顶和底或底和顶，那么顶底连结或底顶连结，就构成了笔。

笔必须由一顶分型和一底分型共同构成。两个同性质的分型，无论是两个顶分型，还是两个底分型，都不能构成笔。

如图 1-3-12 所示，左边 A 和 B 是两个底分型的底，连接 A、B 不能构成笔；右边 C 和 D 是两个顶分型的顶，连接 C、D 同样不能构成笔。

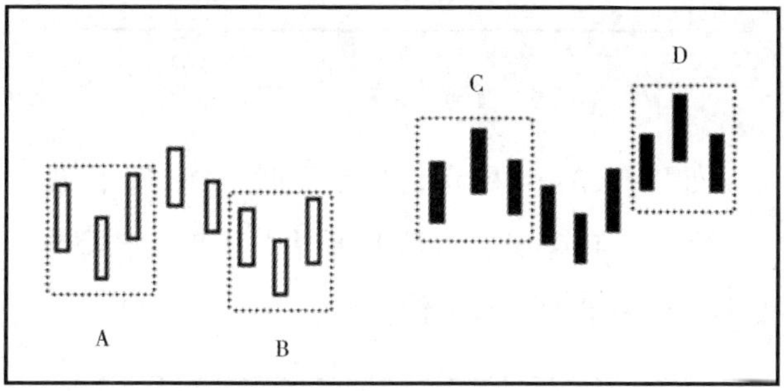

图 1-3-12

5. 笔的延伸和结束

1）笔的延伸

两个不同性质的分型之间如果有独立 K 线，就产生笔。笔产生以后，这个笔可以继续延伸，也可以随时结束。笔何时结束？关键是产生出新的笔。只有当新笔产生时，原笔才算结束。新笔未产生，原笔则暂时延伸。

如图 1-3-13 所示，B 出现时，AB 向上笔产生，之后 C 再创新高，从 B 开始并未产生出新笔，则笔 AC 为笔 AB 的延伸。

实也知道划分笔的步骤：一、确定所有符合标准的分型。二、如果前后两分型是同一性质的，对于顶，前面的低于后面的，只保留后面的，前面那个可以 X 掉；对于底，前面的高于后面的，只保留后面的，前面那个可以 X 掉。不满足上面情况的，例如相等的，都可以先保留。三、经过步骤二的处理后，余下的分型，如果相邻的是顶和底，那么这就可以划为一笔。（教你炒股票 72）

如果相邻的分型性质一样，那么必然有前顶不低于后顶，前底不高于后底，而在连续的顶后，必须会出现新的底，把这连续的顶中最先一个，和这新出现的底连在一起，就是新的一笔，而中间的那些顶，都X掉；在连续的底后，必然会出现新的顶，把这连续的底中最先一个，和这新出现的顶连在一起，就是新的一笔，而中间的那些底，都X掉。显然，经过上面三个步骤，所有的笔都可以唯一地划分出来。（教你炒股票72）

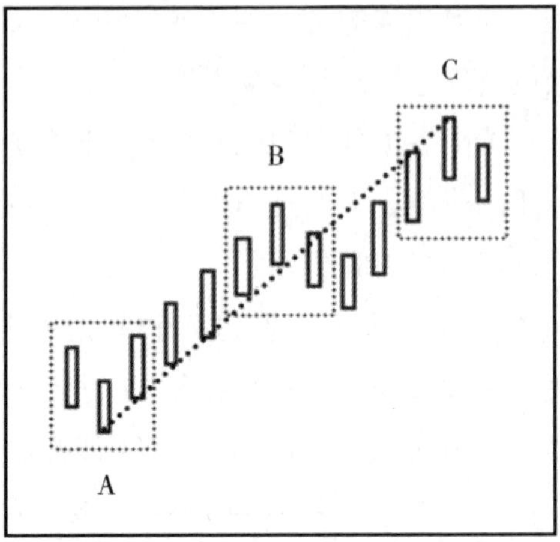

图 1-3-13

如图 1-3-14 所示，E 出现时，DE 向下笔产生。之后 F 再创新低，从 E 开始并未产生出新笔，则笔 DF 为笔 DE 的延伸。

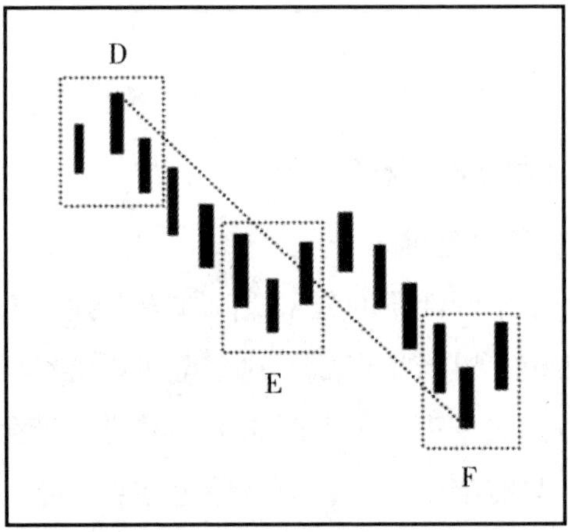

图 1-3-14

2）笔的结束

笔产生以后，接着在相反方向产生出新笔，则原笔结束。

如图 1-3-15 所示，从 C 点开始，产生出向下新笔 CD 后，原向上笔

AC 结束。

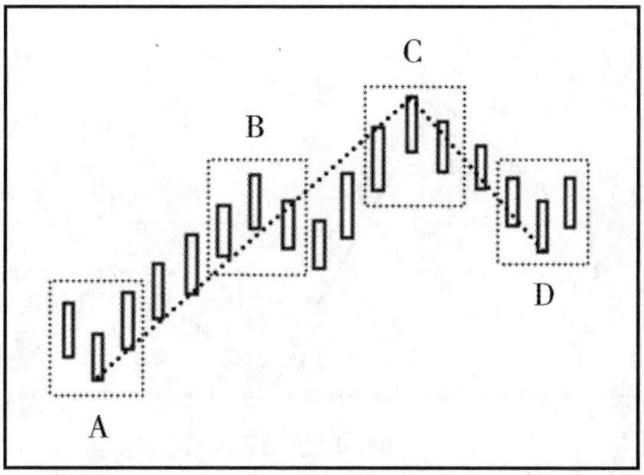

图 1–3–15

如图 1–3–16 所示，以 B 点开始，产生出向上新笔 BC 后，原向下笔 AB 结束。

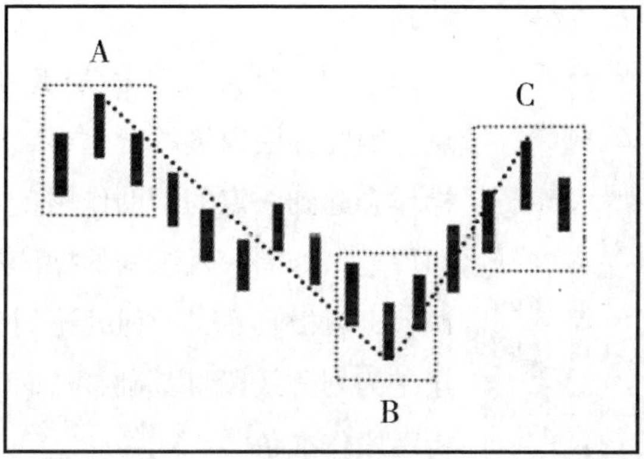

图 1–3–16

如图 1–3–17 所示，从 B 点开始产生出新笔 BC，原笔 AB 结束。从 C 点开始产生出新笔 CD，原笔 BC 结束。从 D 点开始产生出新笔 DE，原笔 CD 结束。从 E 点开始产生出新笔 EF，原笔 DE 结束。从 F 点开始产生出新笔 FG，原笔 EF 结束。从 G 点开始产生出新笔 GH，原笔 FG 结束。

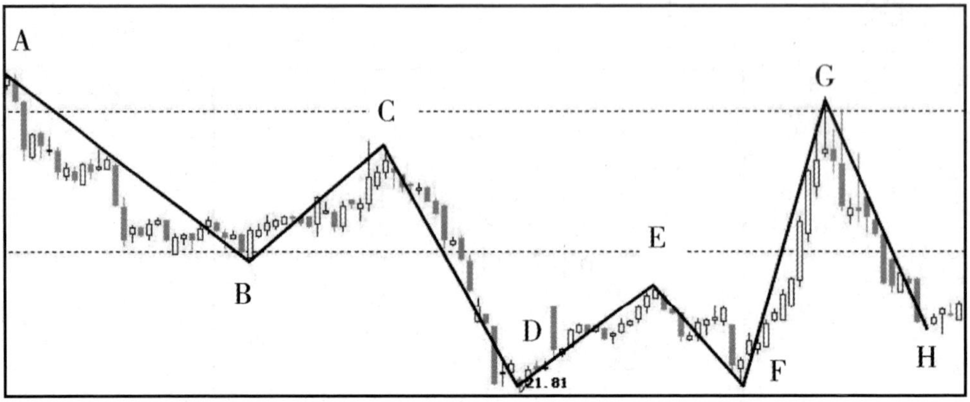

图 1-3-17

> 缠中说禅笔定理：任何的当下，在任何时间周期的K线图中，走势必然落在一确定的具有明确方向的笔当中（向上笔或向下笔）。而在笔当中的位置，必然只有两种情况：一、在分型构造中。二、分型构造确认后延伸为笔的过程中。（教你炒股票91）
>
> 根据这个定理，对于任何的当下走

6. 划分笔的意义

划分笔的意义主要有两点：一是帮助投资者找到阶段性高低点；二是为下一步划分线段打好基础。

笔的高低点往往都是走势中阶段性的高低点，因此弄明白笔的产生、延伸与结束，对实际操作会起到一定的帮助作用，尤其是在大级别时间周期，如周、月级别的操作中，避开向下笔的调整，就极具意义。但缠论划分笔的最终目的，还是为划分线段打基础，从而为掌握更高级的分析手段作准备。

7. 笔概念中的当下模式

了解了缠中说禅关于笔的定义、划分、诞生和结束，就可以将任何股票任何周期 K 线图中的任何走势，简单分解成笔的连接，即方向向上的笔连接方向向下的笔，或者方向向下的笔连接方向向上的笔。这样，股票的即时走势，在任何当下状态，必然都要落在一个确定的具有明确方向的笔当中（向上笔或向下笔）。

1）当下笔模式的种类

任何当下状态，在笔中的位置必然只有两种情况：其一是构造出分型的过程，其二是构造出分型后原笔延续或产生新笔的过程。

如图 1–3–18 所示，走势在框中所示的当下状态，由向下笔进入到构造底分型的过程。

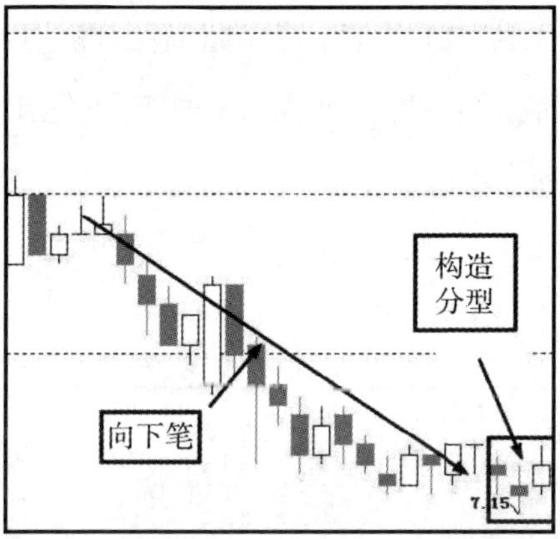

图 1–3–18

如图 1–3–19 所示，走势构造出分型后，由底分型开始进入到箭头所指的产生新笔的过程。

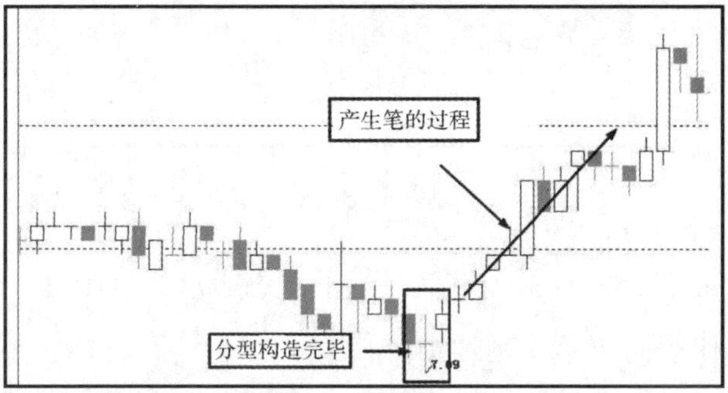

图 1–3–19

势，在任何一个时间周期里，我们都可以用两个变量构成的数组精确地定义当下的走势。第一个变量，只有两个取值，不妨用 1 代表向上的笔，–1 代表向下的笔；第二个变量也只有两个取值，0 代表分型构造中，1 代表分型确认延伸为笔的过程中。（教你炒股票 91）

例如（1，1）就代表着一个向上的笔在延伸之中，(–1，1）代表向下的笔在延伸中，（1，0）代表向上的笔出现了顶分型结构的构造，(–1，0）代表向下的笔出现底分型的构造。（教你炒股票 91）

任何的当下，都只有这四种状态，这四种状态描述了所有的当下走势。更关键的是，这四种状态是不能随便连接的，例如（1，1）之后绝对不会连接（-1、1）或者（-1，0），唯一只能连接（1，0）；同样，（-1，1）只能连接（-1，0）；而（1，0）有两种可能的连接：（1，1）、（-1，1）；（-1，0）有两种可能的连接：（-1，1）、（1，1）。（教你炒股票 91）

这种分析，同样可以应用在日线与周线的关系上，例如最近大盘的走势，在周线上出现（-1，0），而日线上目前

对于任何当下走势，在任何一个时间周期里，都可以用两个变量构成的数组来精确地定义当下的走势。第一个变量只有两个取值，即向上笔或向下笔。不妨用 1 代表向上笔，-1 代表向下笔；第二个变量也只有两个取值，0 代表分型构造成功，1 代表分型确认后原笔延伸或新笔产生的过程。例如，用（1，1）来代表一个向上笔处于延伸之中，用（-1，1）代表一个向下笔处于延伸之中，（1，0）代表一个向上笔出现了顶分型结构的构造，（-1，0）代表一个向下笔出现了底分型结构的构造。

如图 1-3-20 所示，当下状态表示为（1，1），代表向上笔在延伸中。

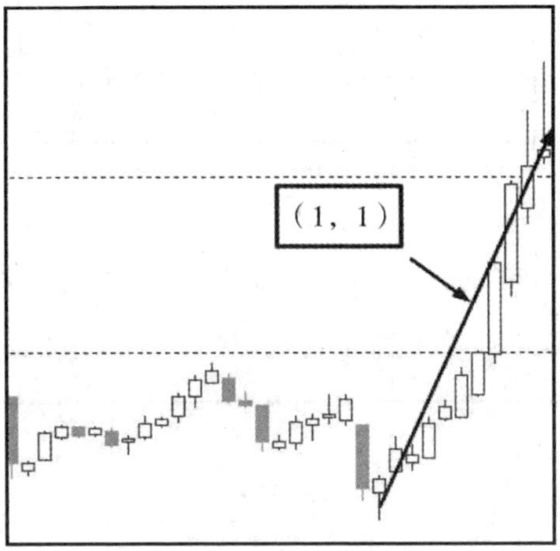

图 1-3-20

如图 1-3-21 所示，当下状态表示为（-1，1），代表向下笔在延伸中。

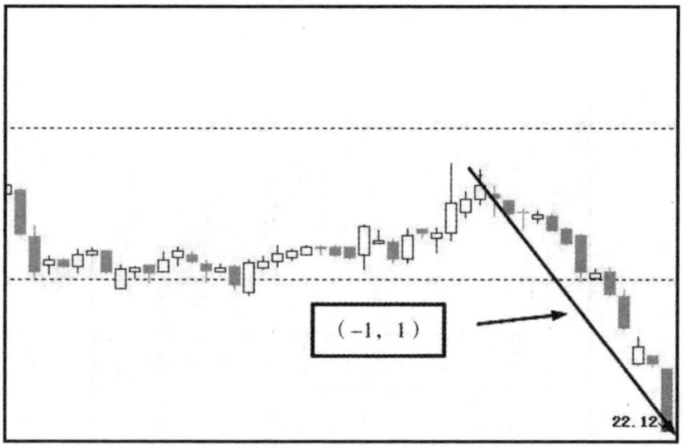

图 1-3-21

如图 1-3-22 所示，当下状态表示为（1，0），代表向上笔的顶分型构造中。

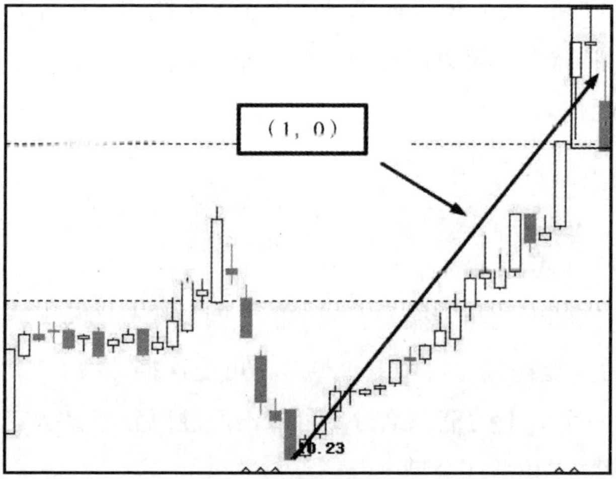

图 1-3-22

如图 1-3-23 所示，当下状态表示为（-1，0），代表向下笔的底分型构造中。

是（-1，1），这种状况是下跌里第三恶劣的情况，因为最恶劣的是周线是（-1，1），日线也是（-1，1）；次恶劣的是周线是（-1，1），日线是（-1，0）。对于第二恶劣、第三恶劣的情况，技术高的也是可以去操作的。至于对于最恶劣的那种，就算技术高的，也算了。目前，首先要等待的就是日线出现（-1，0）的信号。如果这信号出现时，周线还能保持（-1，0），那么就会出现第四恶劣的情况，也就是有可能出现转机的情况。是否出现，大盘走出来就知道了。目前大盘处在最微妙的时候，为什么？因为一旦日线的（-1，

1）延续到打破周线的（-1，0），这样就会变成最恶劣的走势状态，也就是周线是（-1，1），日线也是（-1，1）。换言之，目前的大盘只面临两种选择，第一恶劣还是第四恶劣，如此而已。（教你炒股票91）

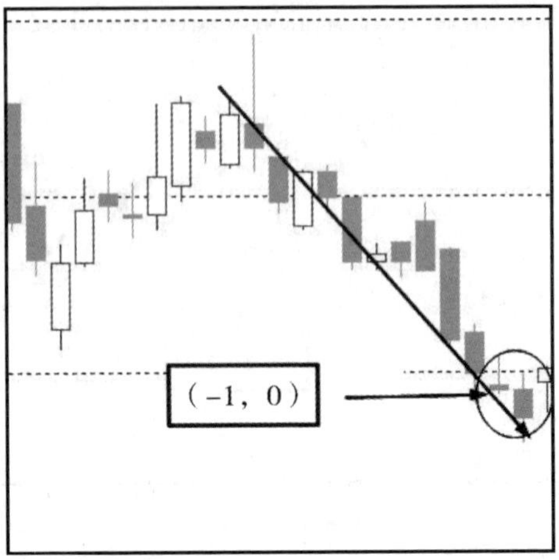

图 1-3-23

小结：任何的当下，都只有上述四种状态。也就是说，这四种状态可以描述K线图中所有的当下走势。根据当下走势的四种状态，可以制订如下操作原则。

A. 当下走势出现（1，1），持股。

B. 当下走势出现（1，0），考虑卖出。

C. 当下走势出现（-1，1），持币。

D. 当下走势出现（-1，0），考虑买入。

值得注意的是：这四种状态的变化与转换是有规律的，四种状态之间不能任意连接。比如（1，1）之后只能连接（1，0），绝对不可能连接（-1，1）或者（-1，0）。也就是说：一个向上的笔，绝对不可能不经过顶分型直接变成一个向下的笔，或者向下的笔在构造底分型。

同样，（-1，1）之后只能连接（-1，0），绝对不可能连接（1，1）或者（1，0）。即一个向下的笔，绝对不可能不经过底分型直接变成一个向上的笔，或者向上的笔在构造顶分型。

处于（1，0）和（-1，0）状态，则有两种可能的连接，因为其间牵扯到一个中继分型的问题。如（1，0）可能的连接有（1，1）和（-1，1），前者代表顶分型中继，后者代表顶分型产生出新笔。

图 1-3-24 所示为（1，0）连接（1，1）的情况。圆框处的顶分型为中继顶分型，原笔仍在延续。具体描述为（1，1）+（1，0）+（1，1）。

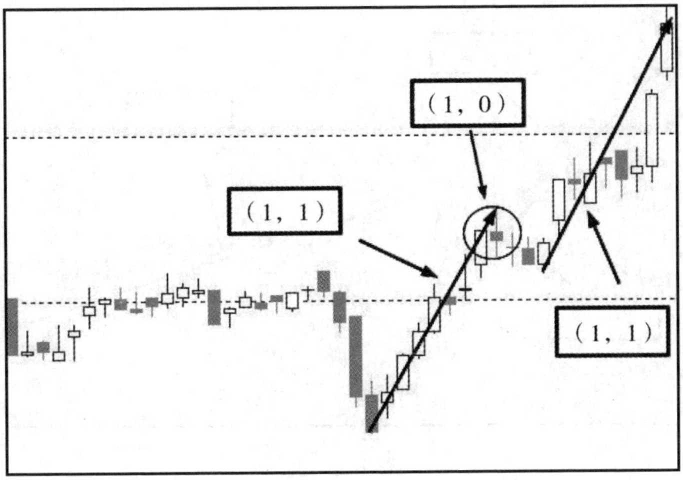

图 1-3-24

图 1-3-25 所示为（1，0）连接（-1，1）的情况。圆框处的顶分型为终结型顶分型，产生出新笔。具体描述为（1，1）+（1，0）+（-1，1）。

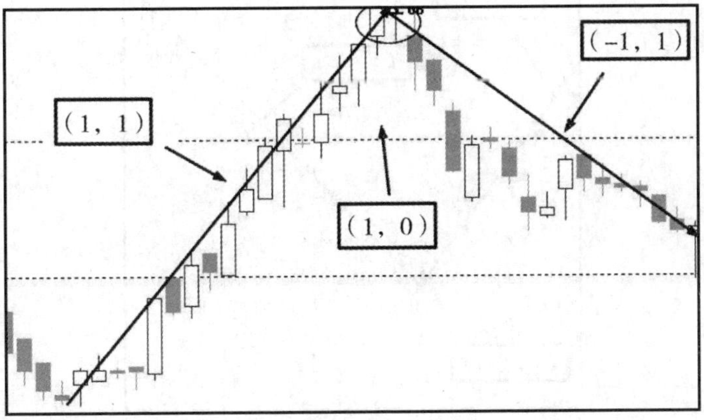

图 1-3-25

处于（-1，0）状态，可能的连接有（-1，1）和（1，1）。前者代表底分型中继，后者代表底分型产生出新笔。

图 1-3-26 所示为（-1，0）连接（-1，1）的情况。圆框内的底分型为中继分型。具体描述为（-1，1）+（-1，0）+（-1，1）。

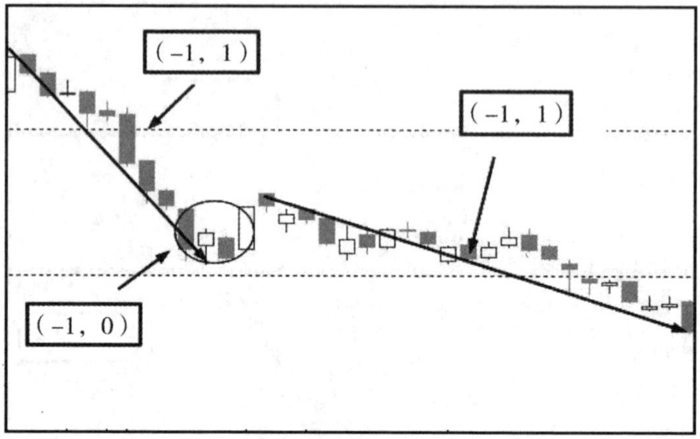

图 1-3-26

图 1-3-27 所示为（-1，0）连接（1，1）的情况。圆框处的底分型产生出新笔。具体描述为（-1，1）+（-1，0）+（1，1）。

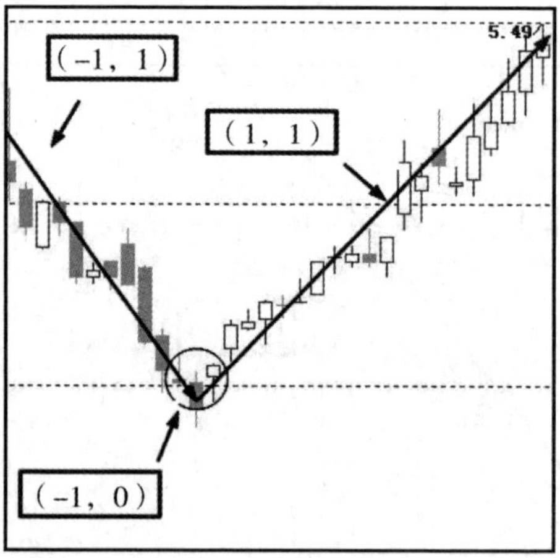

图 1-3-27

2）当下模式的演变方式

向上开始的走势，其可能的演变过程如图 1-3-28 所示。如由（1，0）演化成（1，1），则（1，0）为中继型顶分型；如由（1，0）演化成（–1，1），则（1，0）为终结型顶分型。

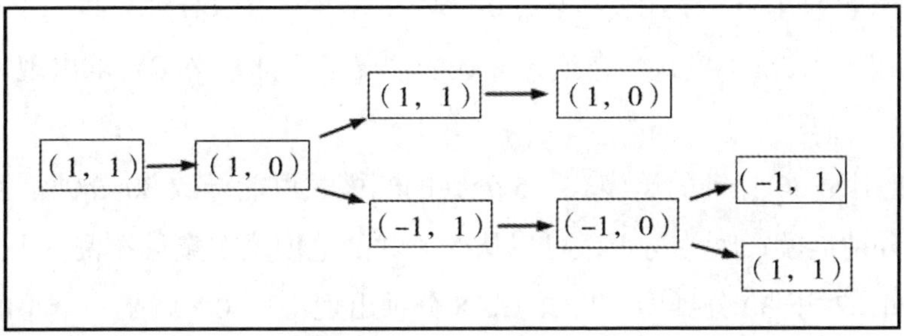

图 1–3–28

向下开始的走势，其演变过程如图 1–3–29 所示。如果由(–1,0)演化成(–1，1)，则(–1，0)为中继型底分型；如果由（–1，0）演化成（1，1），则(–1，0)为终结型底分型。

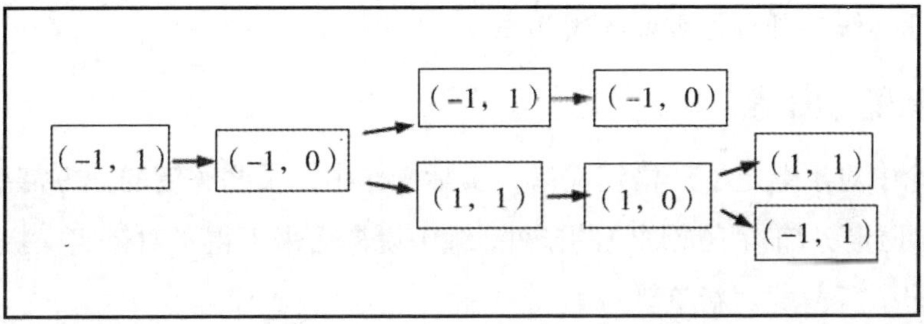

图 1–3–29

有了上面的分析，很容易进行更复杂的分解。考察两个相邻时间周期的 K 线图，例如 5 分钟和 30 分钟 K 线图。如果 30 分钟里是（1，1）或者（–1，1）的状态，那么 5 分钟 K 线图里的任何波动，都没有太大的参考价值。因为无论这种波动如何大，都没到足以改变 30 分钟 K 线图（1，1）或者（–1，1）状态的程度，这里就对 5 分钟 K 线图的波动有了一个十分明确的过滤作用。如果你是一个最短只关心 30 分钟 K 线图的操作者，就根本无须关心 5 分钟 K 线图的这些细微波动。

如果30分钟K线图是（1，1），5分钟K线图也是（1，1），那么，30分钟K线图中是断无可能在其后几分钟内改变（1，1）这种模式的。要30分钟K线图改变（1，1）模式成为（1，0）模式，至少要在5分钟K线图上出现（1，0）模式或（–1，1）模式。在绝大多数的情况下，都是必然要求出现（–1，1）模式的。

因此对于30分钟的笔模式，5分钟的笔模式可能导致30分钟笔模式的改变。30分钟笔模式改变与否，可以从5分钟的笔模式中窥见端倪。

例如，对于30分钟的（1，1），5分钟出现（1，0）就是一个小的警告。这个警告反映到30分钟的K线图里，还不足以破坏30分钟笔模式的结构，所以这个警告不会造成实质性的影响。如果这个5分钟的（1，0）笔模式变成了（–1，1）的笔模式，那么一个重要的警告就成立了，此时必须密切注视30分钟笔模式的情况。

了解上述笔模式的变化规律，对于分析下一步行情走势，依据其变化规律指导实际操作，具有很重要的现实意义。

8. 新笔与旧笔之分

缠论中对于笔定下严格定义后，实际操作中，某些关键的地方需要引入笔来分析，但走势却构不成划笔的条件。缠中说禅后来不得不对笔定义提出修正，也就引出了所谓的“新笔”。

缠中说禅提出的新笔定义并没有出现在“教你炒股票108课”中，而是出现在其博文《忽闻台风可休市，聊赋七律说〈风灾〉》中。先看一下原文。

“本ID想了想，计算了一下能量力度，觉得以后可以把笔的成立条件略微放松一下，就是一笔必须满足以下两个条件：（1）顶分型与底分型经过包含处理后，不允许共用K线，也就是不能有一根K线分别属于顶分型与底分型，这个条件和原来是一样的，这一点绝对不能放松，因为这样才能保证足够的能量力度；（2）在满足前一条件的前提下，顶分型中最高K线和底分型的最低K线之间（不包括这两根K线），不考虑包含关系，至少有3根（包括3根）以上K线。”

根据缠中说禅对于新笔的定义，下面可以与旧笔进行一下对比。

1）旧笔

在完全进行 K 线包含处理之后，笔要求顶和底之间至少有一根独立 K 线。上升的一笔，即底分型 + 上升 K 线 + 顶分型；下降的一笔：即顶分型 + 下降 K 线 + 底分型。

如图 1-3-30 所示，图①就是一笔最基本的图形。图②顶和底之间共用一根 K 线，图③只有顶和底，中间没有其他 K 线，都不能算一笔。

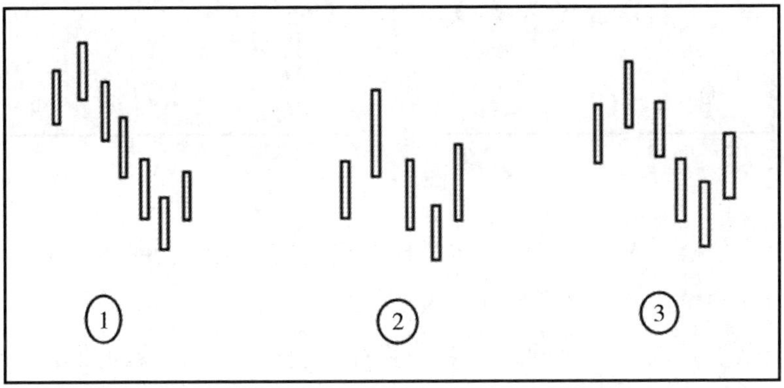

图 1-3-30

2）新笔

（1）顶分型与底分型经过包含处理后，不允许共用 K 线，也就是不能有一根 K 线分别属于顶分型与底分型，这一条件和原来的旧笔定义是一样的。

（2）在满足上述条件下，顶分型中的最高 K 线和底分型的最低 K 线之间（不包括这两根 K 线），不考虑包含关系，至少有 3 根（包括 3 根）以上 K 线。

对比新笔、旧笔定义，可以发现，新笔的定义无疑要比旧笔的定义稍稍宽松一些。那么，新笔具体宽松在哪呢？下面用图例进行分析。

如图 1-3-31 所示，左图 A、B 顶分型与底分型之间没有独立 K 线，用旧笔定义，AB 不能算笔，但用新笔定义则算笔。因为顶分型中最高 K 线和底分型的最低 K 线之间（不包括这两根 K 线），不考虑包含关系，含有 3 根 K 线。

右图 C、D 底分型与顶分型之间没有独立 K 线，用旧笔定义，CD 不能算笔，但用新笔定义则算笔。因为底分型中最低K线和顶分型的最高K线之间（不包括这两根K线），不考虑包含关系，含有4根K线。图中虚线框内K线为包含关系。

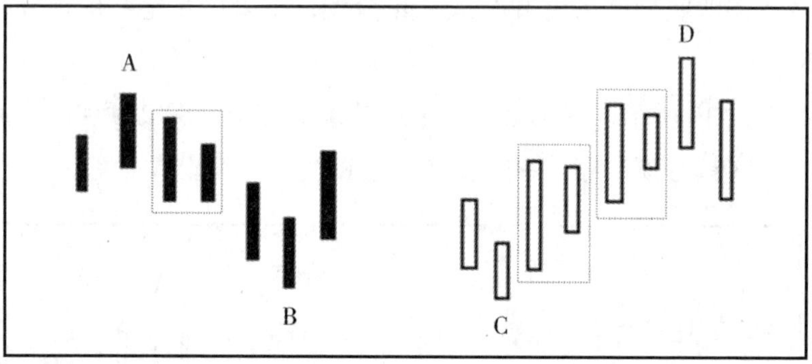

图 1-3-31

从上述分析可以看出，新笔定义比旧笔宽松，主要表现在顶底分型之间不一定非要存在包含处理之后的独立K线。

新笔虽然顶底分型之间不一定非要存在包含处理之后的独立K线，但包含处理后的顶分型和底分型之间都要求不能共用K线，一旦共用，则不构成笔。

如图1-3-32所示，A、B之间虽有4根K线，但包含处理后的顶底分型共用K线，因此无论按新旧定义，AB都不能算笔。

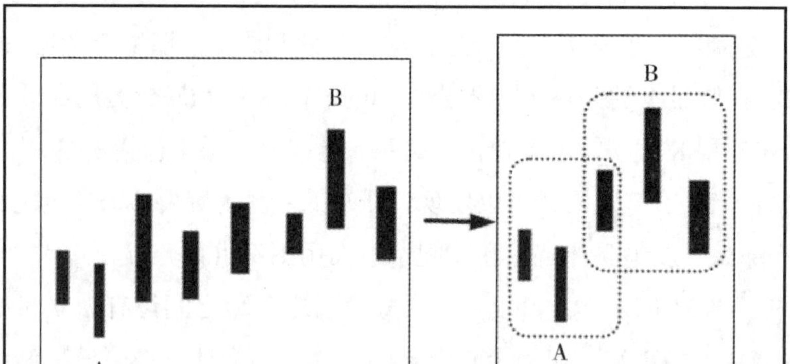

图 1-3-32

四、线段

1. 线段概要

线段是缠论中在笔基础之上的又一重要概念。掌握线段的定义和划分原则，是下一步理解和掌握走势中枢的必要基础。

定义：连续的三笔之间若存在重叠部分，其起点和终点之间的连线为线段。

如图 1–4–1 所示，左图 AB、BC、CD 为连续的三笔，它们之间存在重叠部分（阴影部分），AD 的连线就叫线段。右图 EF、FG、GH 为连续的三笔，它们之间存在重叠部分（阴影部分），EH 的连线就叫线段。

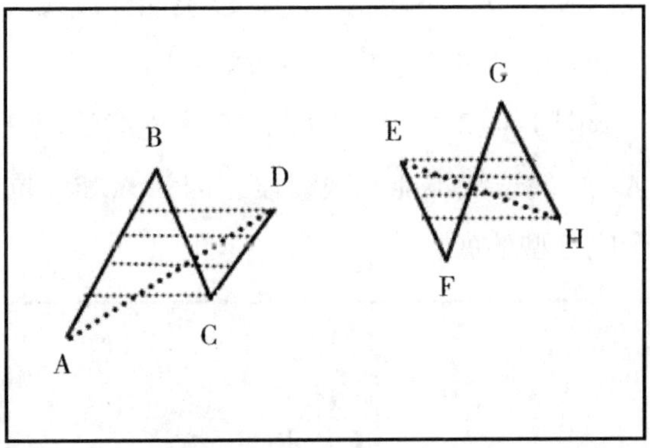

图 1–4–1

注意：当连续的三笔之间没有重叠部分时，不能将其连线视为线段

如图 1–4–2 所示，左图 AB、BC、CD 为连续的三笔，它们之间不存在重叠部分，AD 的连线就不是线段。右图 EF、FG、GH 为连续的

至于图 8，就是线段的最基本形态，而图 9，就是线段破坏，也就是两线段组合的其中一种形态。（教你炒股票 62）

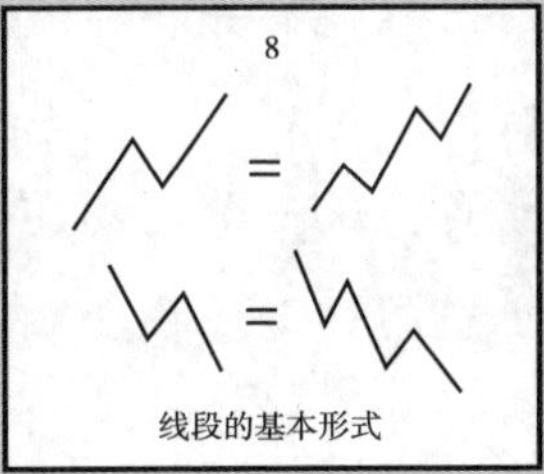

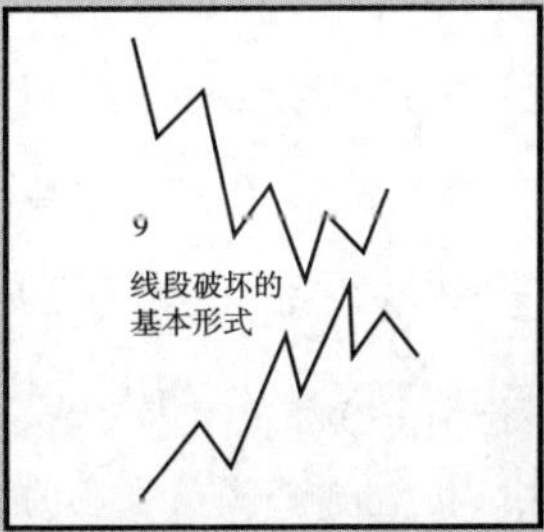

有了笔，那么线段就很简单了，线段至少有三笔，线段无非有两种，从向上一笔开始的，和从向下一笔开始的（教你炒股票 65）

线段有一个最基

本的前提，就是线段的前三笔，必须有重叠的部分，这个前提在前面可能没有特别强调，这里必须特别强调一次。线段至少有三笔，但并不是连续的三笔就一定构成线段，这三笔必须有重叠的部分。由上面线段被笔破坏的定义可以证明：缠中说禅线段分解定理：线段被破坏，当且仅当至少被有重叠部分的连续三笔的其中一笔破坏。而只要构成有重叠部分的前三笔，那么必然会形成一线段。换言之，线段破坏的充要条件，就是被另一个线段破坏。（教你炒股票65）

对于从向上一笔开始的，其中的

三笔，它们之间不存在重叠部分，EH 的连线就不是线段。

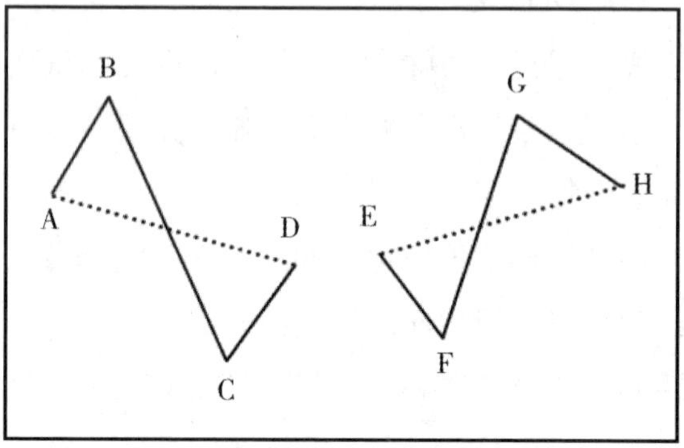

图 1-4-2

线段必须由连续的三笔构成，这是因为线段和笔一样，必须由顶和底来构成，同一性质的两顶或两底，不但不能构成笔，也不能构成线段。这是连续的两笔不能构成线段的原因。

如图 1-4-3 所示，AB 与 BC 是连续的两笔，但 A、C 的连线不能构成线段，因为 A 和 C 同为两个底分型的底。

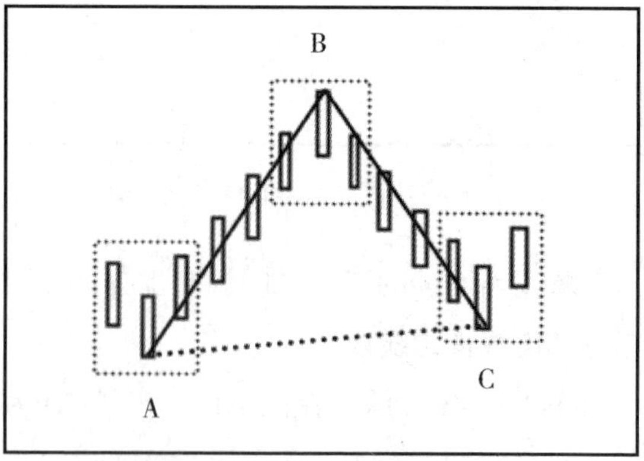

图 1-4-3

如图 1–4–4 所示，XY 与 YZ 是连续的两笔，但 X、Z 的连线不能构成线段，因为 X 和 Z 同为两个顶分型的顶。

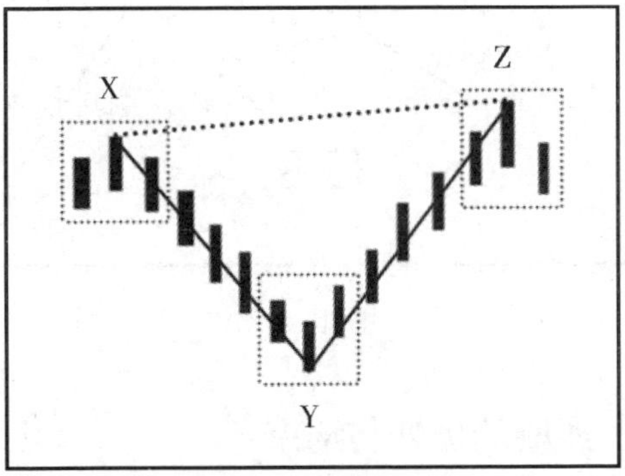

图 1–4–4

由上可见，线段中包含的笔的数目都是单数，双数的笔都不能构成线段。

图 1–4–5 中，AB、BC、CD 是连续的三笔，且有重叠部分，A、D 连线就是线段。该线段以向上笔开始，称向上线段。

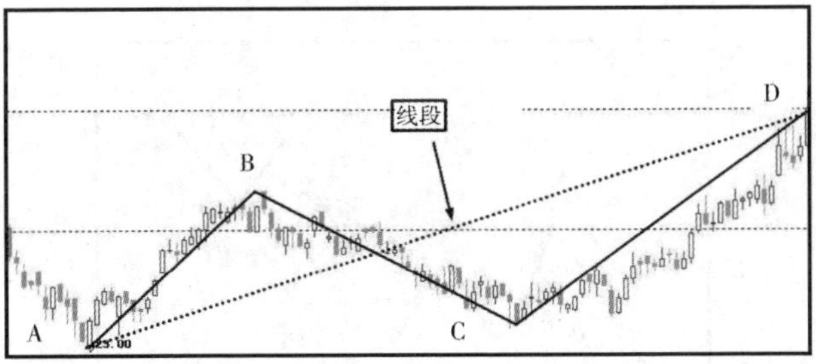

图 1–4–5

图 1–4–6 中，AB、BC、CD 是连续的三笔，且有重叠部分，A、D 连线就是线段。该线段以向下笔开始，称向下线段。

分型构成这样的序列：$d_1g_1d_2g_2d_3g_3\cdots d_ng_n$（其中 d_i 代表第 i 个底，g_i 代表第 i 个顶）。如果找到 i 和 j，$j \geqslant i+2$，使得 $d_j \leqslant g_i$，那么称向上线段被笔破坏。对于从向下一笔开始的，其中的分型构成这样的序列：$g_1d_1g_2d_2\cdots g_nd_n$（其中 d_i 代表第 i 个底，g_i 代表第 i 个顶）。如果找到 i 和 j，$j \geqslant i+2$，使得 $g_j \geqslant d_i$，那么称向下线段被笔破坏。（教你炒股票 65）

参照一般 K 线图关于顶分型与底分型的定义，可以确定特征序列的顶和底。注意，以向上笔开始的线段的特征序列，只考察顶分型；以向下

笔开始的线段，只考察底分型。（教你炒股票67）

特征序列的顶分型中，第一和第二元素间不存在特征序列的缺口，那么该线段在该顶分型的高点处结束，该高点是该线段的终点；特征序列的底分型中，第一和第二元素间不存在特征序列的缺口，那么该线段在该底分型的低点处结束，该低点是该线段的终点；（教你炒股票67）

第二种情况：特征序列的顶分型中，第一和第二元素间存在特征序列的缺口，如果从该分型最高点开始的向下一笔开始的序列的特征序列出

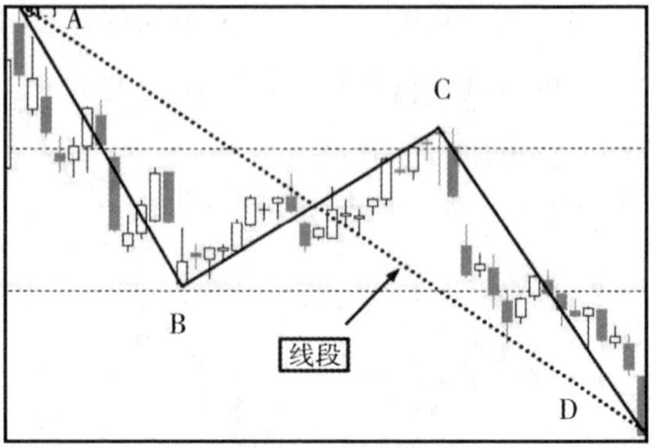

图 1-4-6

2. 线段的延伸与结束

1）线段的延伸

线段产生以后，如果不在相反方向产生新的线段，那么这个线段就在同方向上继续运行，这就是该线段的延伸。

如图 1-4-7 所示，向上线段 AB 产生之后，一直没有在反方向上产生出新线段，那么一直至 C，仍为线段 AB 的延伸。

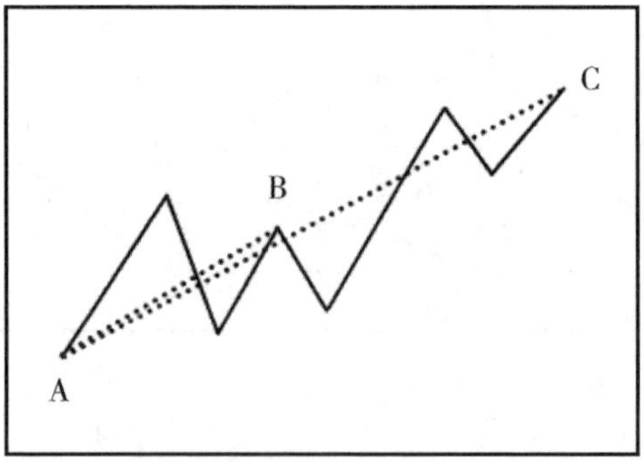

图 1-4-7

如图 1-4-8 所示，向下线段 AB 产生之后，

一直没有在反方向上产生新线段，那么一直至 C，仍为线段 AB 的延伸。

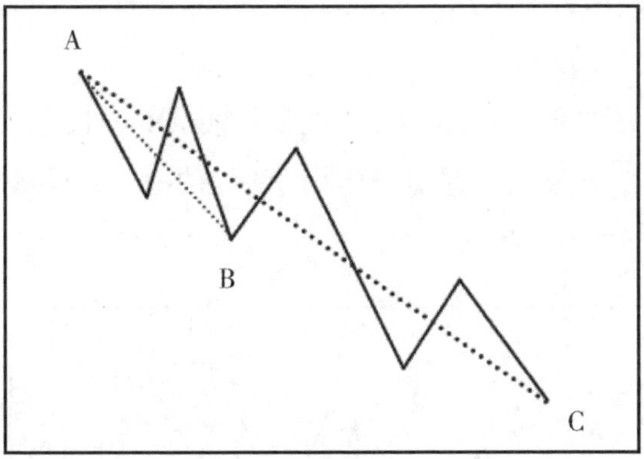

图 1-4-8

一个线段产生以后，可以立即结束，也可以延伸很长时间不结束。如图 1-4-9 所示，产生一条向下线段 AB 后，可以向下延伸很长时间而不结束。

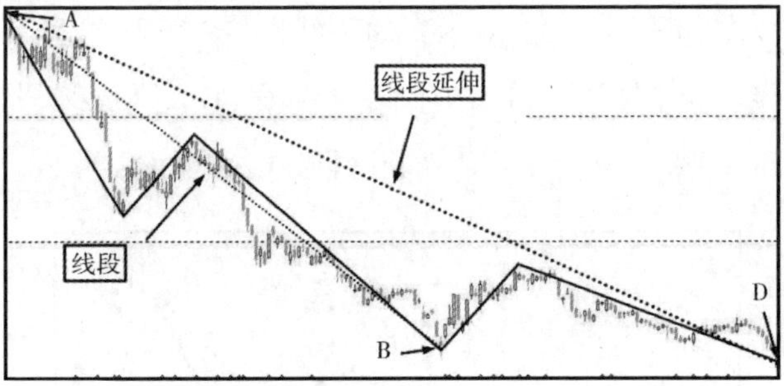

图 1-4-9

注意： 延伸的线段要求进行标准化处理。经标准化处理后，所有的向上线段都是以最低点开始至最高点结束，所有的向下线段都是以最高点开始至最低点结束。

现底分型，那么该线段在该顶分型的高点处结束，该高点是该线段的终点；特征序列的底分型中，第一和第二元素间存在特征序列的缺口，如果从该分型最低点开始的向上一笔开始的序列的特征序列出现顶分型，那么该线段在该底分型的低点处结束，该低点是该线段的终点。（教你炒股票 67）

上面两种情况，就给出所有线段划分的标准。显然，出现特征序列的分型，是线段结束的前提条件。本课，就是把前面“线段破坏的充要条件就是被另一个线段破坏”精确化了。因此，以后关于线段

的划分，都以此精确的定义为基础。（教你炒股票67）

有了笔以后，就是线段了。线段划分的最基本原则，就是线段必须至少有三笔，这是十分显然的。否则，一笔都能构成线段，那笔和线段又有什么区别？至于两笔为什么不能构成线段，这理由更简单，因为两笔，那么线段的两段的分型的性质肯定是一样的，和笔一样，一个完整线段的两段的分型不可能是同性质的。也就是说，和笔一样，线段也不可能从一个顶开始结束于另一个顶，或者从一个底开始结束于另一个底。由此可见，线段中包含

2）线段的结束

线段产生以后，如果在相反方向上产生新线段，那么原来这个线段就宣告结束。这就是线段被线段破坏。

如图1–4–10所示，向上线段AB产生之后，接着又在相反方向产生向下线段BC，则原线段AB结束，原线段AB被新线段BC破坏。

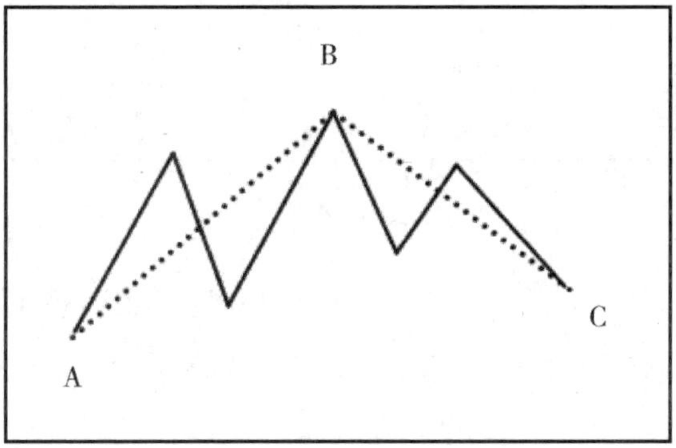

图1–4–10

如图1–4–11所示，向下线段EF产生之后，接着又在相反方向产生向上线段FG，则原线段EF结束，原线段EF被新线段FG破坏。

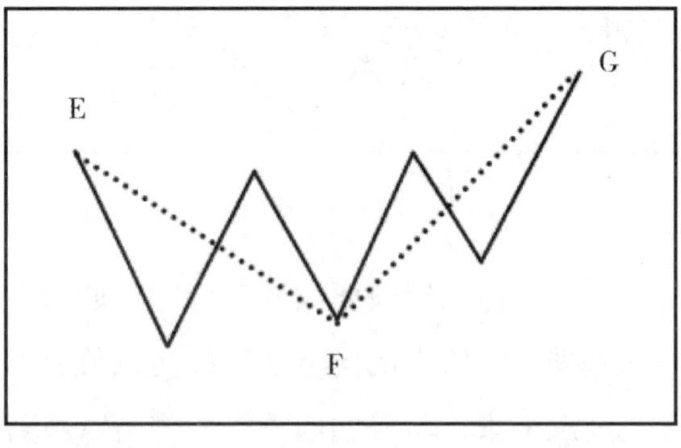

图1–4–11

线段破坏的充要条件，就是被另一个线段破坏。

如图 1–4–12 所示，线段 A 被线段 B 破坏。

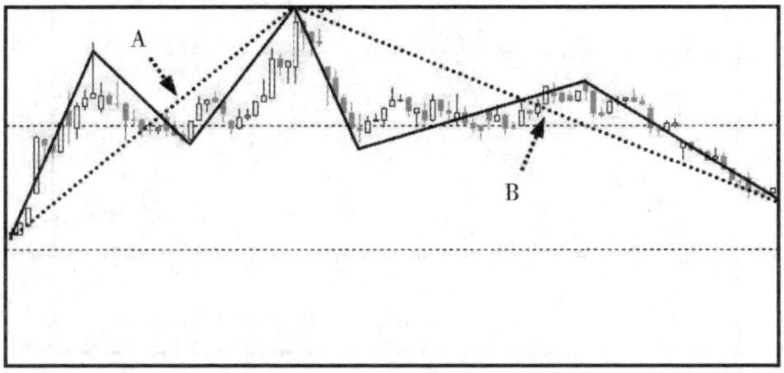

图 1–4–12

3. 线段破坏的两种不同情况

线段被线段破坏，存在两种不同情况。其一是线段被笔破坏的情况；其二是线段未被笔破坏的情况。

线段被笔破坏分两种情况：向上线段被向下笔破坏和向下线段被向上笔破坏。

1）向上线段被向下笔破坏

向上线段中，一旦最后一个顶为起点的向下笔跌破前一个顶的水平线，称向上线段被向下笔破坏。

如图 1–4–13 所示，向上线段 D_1G_2 中，G_2 为起点的向下笔一旦跌破前顶 G_1 的水平线，则向上线段 D_1G_2 被向下笔破坏。

的笔的数目，都是单数的。（教你炒股票 72）

另外，线段必须被线段破坏才能确定其完成。对于线段划分的第一种情况，如果第一笔出现笔破坏后，接着的一笔就创新高，而且再后一笔，根本就不触及笔破坏那一笔，那么，这时候显然构成不了线段对线段的破坏，因为后面这三笔没有重合，不可能构成一个线段。（教你炒股票 72）

如果我们坚持线段的最终破坏回补特征序列缺口的情况，那么，如果线段 C 对线段 B 还是第二种情况，那么线段 C 的区间肯定就在线段A特征序列缺口与线段B特征序列缺口之间。如此类推，总会出现一个线段X，使得对应前面的线段是回补特征序列缺口。否则，这些线段的区间就会无限缩小，最后就会形成一个点，这显然是不可能的，学过极限的都应该能理解。所以，在一串的相对前一线段是第二种情况的线段串中，比如最终会出现第一种情况的破坏，这样倒推回来，必然有这一串假定线段间的连续破坏。（教你炒股票72）

注意，这里必须提醒一句，这在以前也曾说过，就是，如果线段中最高或最低

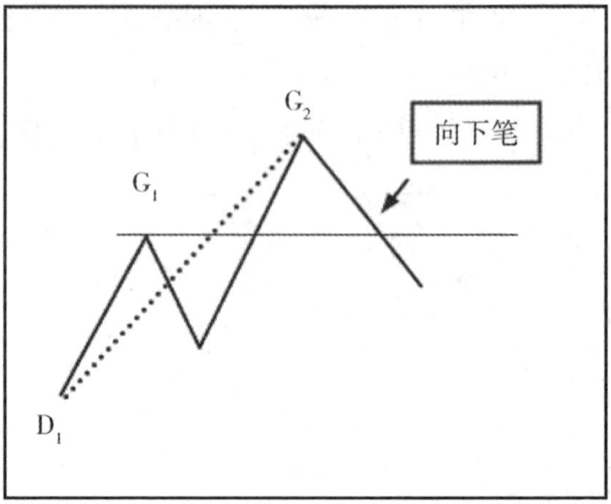

图 1-4-13

2）向下线段被向上笔破坏

向下线段中，一旦最后一个底为起点的向上笔升破前一个底的水平线，称向下线段被笔破坏。

如图 1-4-14 所示，向下线段 G_1D_2 中，D_2 为起点的向上笔一旦升破前底 D_1 的水平线，则向下线段 G_1D_2 被向上笔破坏。

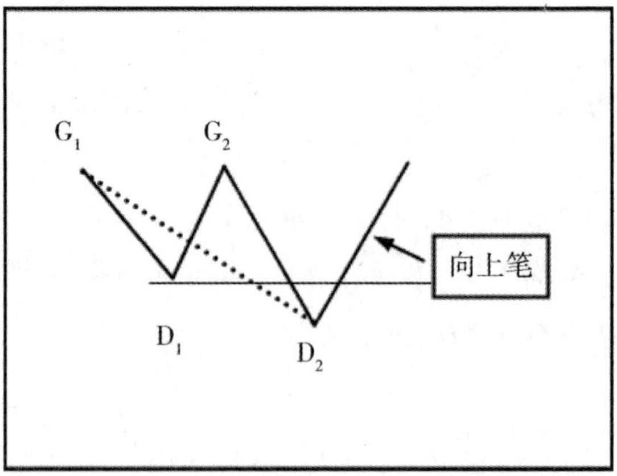

图 1-4-14

注意：被笔破坏的线段一旦由破坏笔产生出新线段，那么原线段结束。

如图 1–4–15 所示，向上线段 D_1G_2 被向下笔 G_2D_3 破坏，由 G_2 开始产生出新线段 G_2D_4 时，那么原线段 D_1G_2 结束。

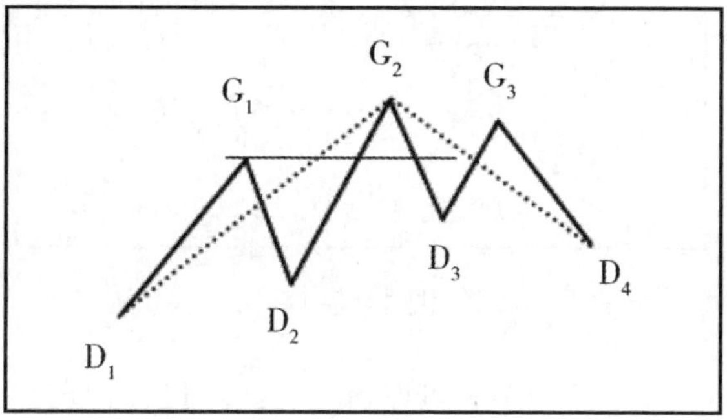

图 1–4–15

注意：线段必须被线段破坏才算是真破坏，单纯的一笔是不能终结线段的。

如图 1–4–16 所示，线段 D_1G_2 虽被 G_2 向下笔破坏，但至 G_3 又创新高，至 G_4 仍未形成新线段，那么原线段 D_1G_2 就延续。

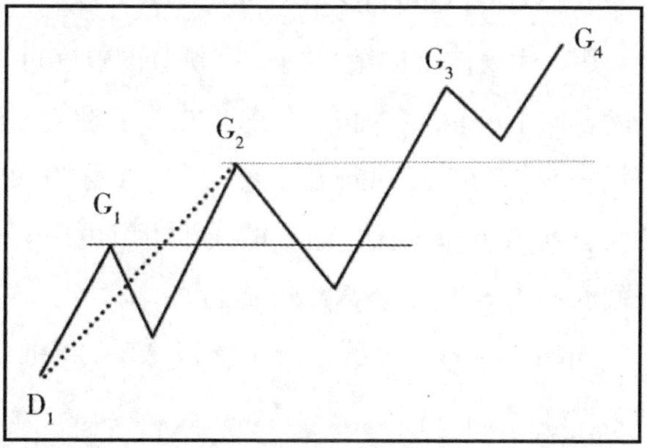

图 1–4–16

点不是线段的端点，那么，在任何以线段为基础的分析中，例如把线段为基础构成最小级别的中枢等，都可以把该线段标准化为最高低点都在端点。因为，在以线段为基础的分析中，都把线段当成一个没有内部结构的基本部件，所以，只需要关心这线段的实际区间就可以，这样就可以只看其高低点。经过标准化处理后，所有向上线段都是，以最低点开始以最高点结束，向下线段都是以最高点开始，以最低点结束。这样，所有线段的连接，就形成一条延续不断、首尾相连的折线，这样，复杂的图形就会十分地标准化，也为后面

的中枢、走势类型等分析提供最标准且基础的部件。（教你炒股票 78）

“教你炒股票”108 课中关于线段划分示意图：

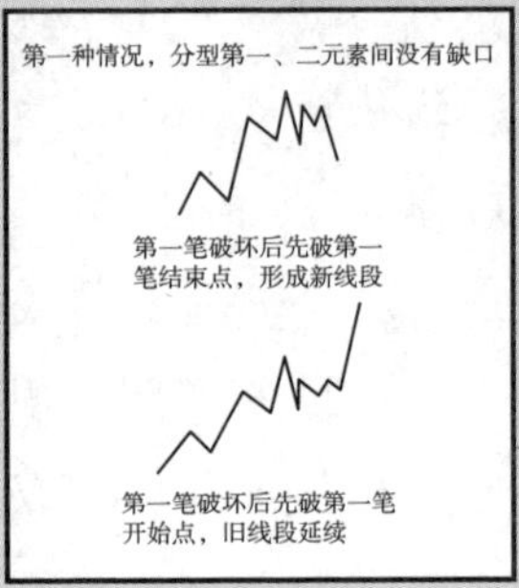

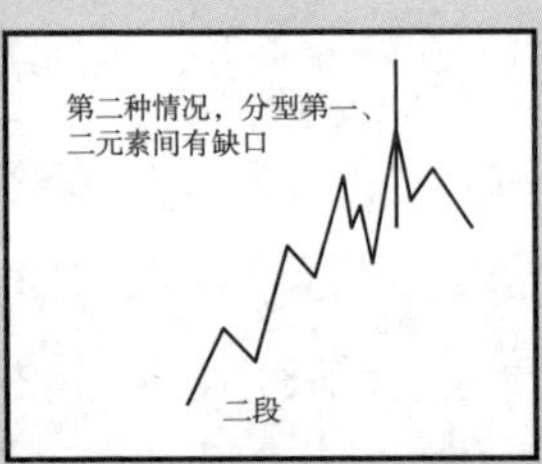

缠中论禅 108 课中关于线段划分示意图：

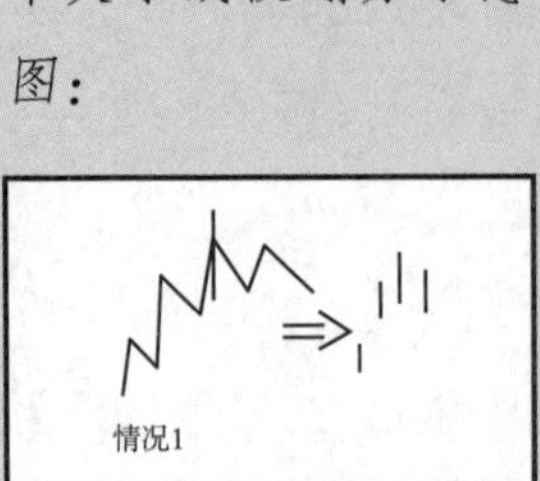

如图 1–4–17 所示，线段 G_1D_2 虽被向上笔 D_2G_3 破坏，但直至 D_4 创出新低，仍未形成新线段，那么原线段 G_1D_2 就延续。

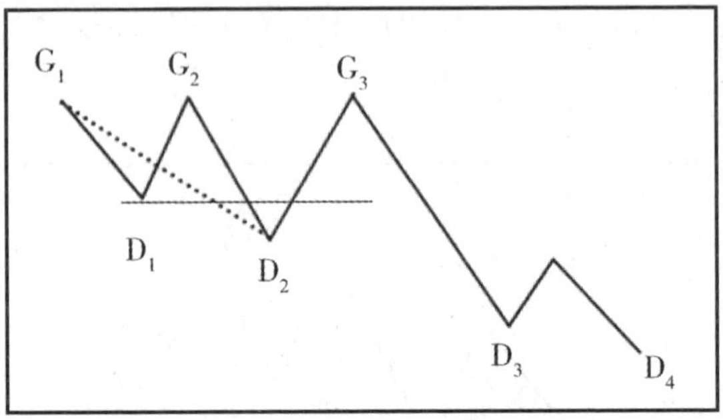

图 1–4–17

从上面的例子可以看出，线段最终肯定都会被线段破坏，但线段出现笔破坏的情况时，最终并不一定由该笔发展形成线段破坏。

这里出现一个必须要弄明白的问题：线段何时结束？线段的端点到底结束于何位置？对此，缠中说禅引入了特征序列和标准特征序列的概念加以说明。

4. 线段的特征序列和标准特征序列

用S代表向上的笔（“上”字拼音的首字母），X 代表向下的笔（“下”字拼音的首字母）。其中任一 S 称为线段的向上元素，任一 X 称为线段的向下元素。那么任一向上的线段，就可用笔的序列表示为 $S_1X_1S_2X_2S_3X_3...SnXn$。

如图 1–4–18 所示，向上线段 AB 的特征序列为 $S_1X_1S_2X_2S_3X_3S_4$。其中 S_1、S_2、S_3、S_4 是线段 AB 的向上元素，X_1、X_2、X_3 是线段 AB 的

向下元素。

任一向下的线段，可以用笔的序列表示为 $X_1S_1X_2S_2X_3S_3$...XnSn。

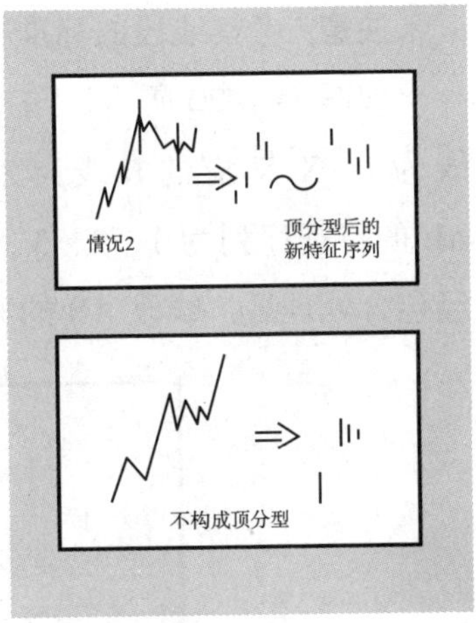

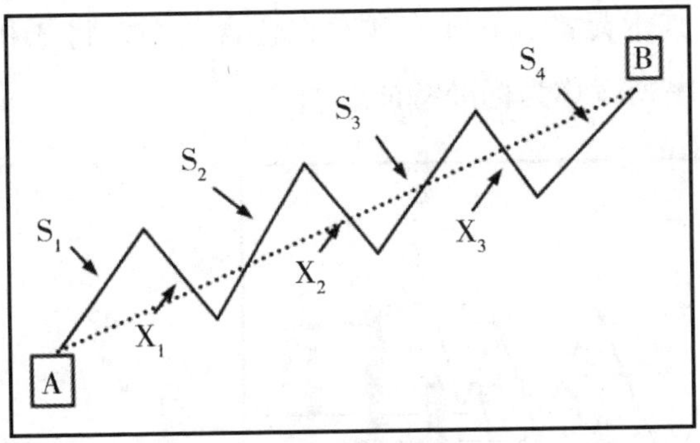

图 1-4-18

如图 1-4-19 所示，向下线段 AB 的特征序列为 $X_1S_1X_2S_2X_3S_3X_4$，其中 S_1、S_2、S_3 都是线段 AB 的向上元素，X_1、X_2、X_3、X_4 都是线段 AB 的向下元素。

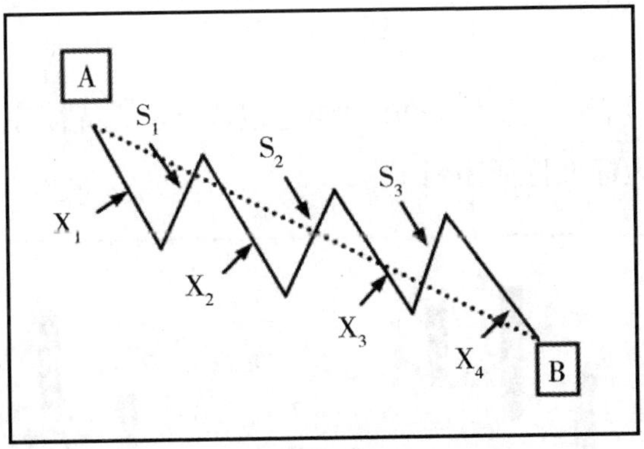

图 1-4-19

线段的标准特征序列：把线段中每一元素看成是一根 K 线，那么如同一般 K 线图中找分型的方法，也存在所谓的包含关系，也需要对此进行非包含处理。经过非包含处理的特征序列，就叫做标准特征序列。

线段特征序列的元素要探讨包含关系，必须是同一特征序列的元素。即 X_1、X_2、X_3、X_4、X_5、X_6、X_7...X_n 之间，或 S_1、S_2、S_3、S_4、S_5、S_6、S_7...S_n 之间。

注意：考察线段的标准特征序列，对于向上的线段，只考察向下的 X 元素。

如图 1-4-20 所示，向上线段 AB 中，只考察向下的 X 元素。X_1 对应的 K 线为 1，X_2 对应的 K 线为 2，X_3 对应的 K 线为 3，X_4 对应的 K 线为 4。线段 AB 的特征序列为 1、2、3、4，其中元素 3 和元素 4 存在包含关系，将 3 和 4 经包含处理后，线段 AB 的特征序列就称为标准特征序列。

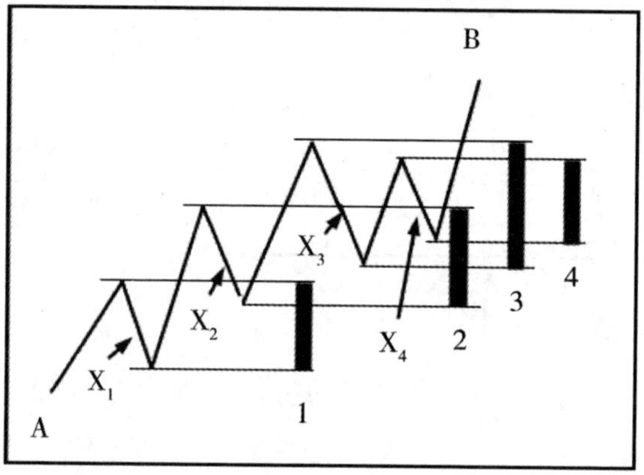

图 1-4-20

如图 1-4-21 所示，图 1-4-20 中向上线段 AB 的特征序列 1、2、3、4 经包含处理后，变为标准特征序列 1、2、3。

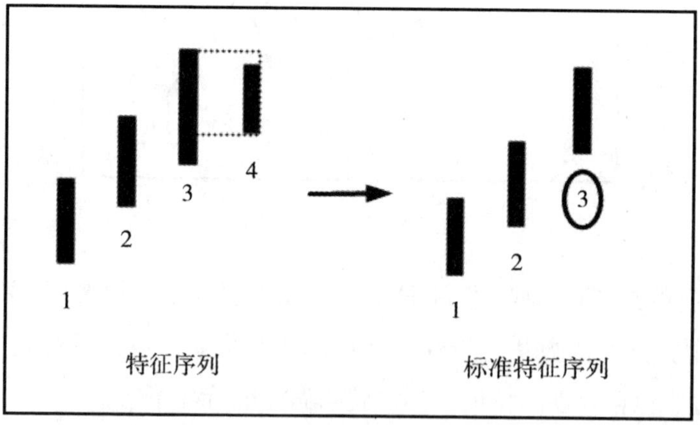

图 1-4-21

注意：考察线段的标准特征序列，对于向下的线段，只考察向上的S元素。

如图1–4–22所示，向下线段AB中，只考察向上的S元素。S_1对应的K线为1，S_2对应的K线为2，S_3对应的K线为3，S_4对应的K线为4。线段AB的特征序列为1、2、3、4，其中元素2和元素3存在包含关系，将2和3经包含处理后，线段AB的特征序列就称为标准特征序列。

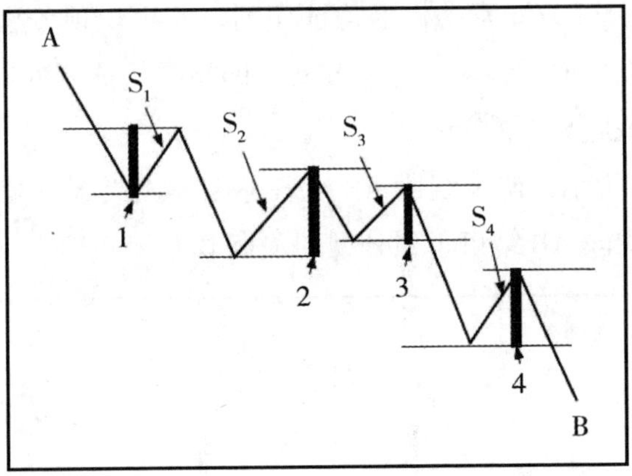

图1–4–22

如图1–4–23所示，图1–4–22中向下线段AB的特征序列1、2、3、4经包含处理后，变为标准特征序列1、2、3。

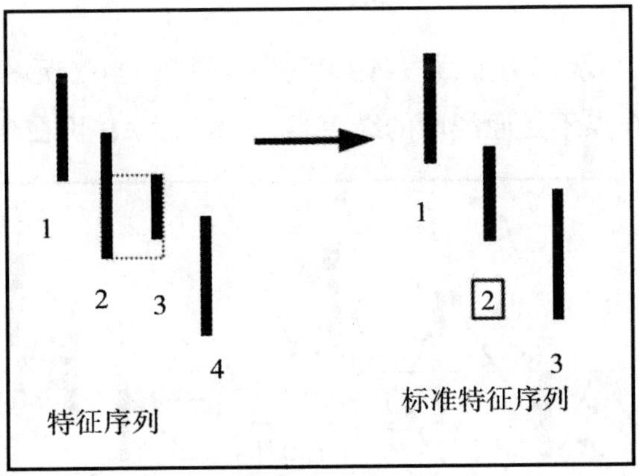

图1–4–23

5. 两种不同情况下的线段划分

理解了特征序列和标准特征序列之后，就可以对线段进行严格划分了。划分过程中，有两种情况分别对应不同的标准。

1）第一种情况，出现笔破坏情况的划分

线段出现笔破坏，指第一和第二元素间不存在特征序列的缺口。这种情况下，向上线段只考察 X 元素的标准特征序列，若出现顶分型，则原线段结束于该顶分型的高点。向下线段只考察 S 元素的标准特征序列。若出现底分型，则原线段结束于该底分型的低点。

如图 1-4-24 所示，向上线段 AB 出现笔破坏，当 X 元素出现标准特征序列的顶分型，原线段 AB 结束于顶分型的顶点 B。

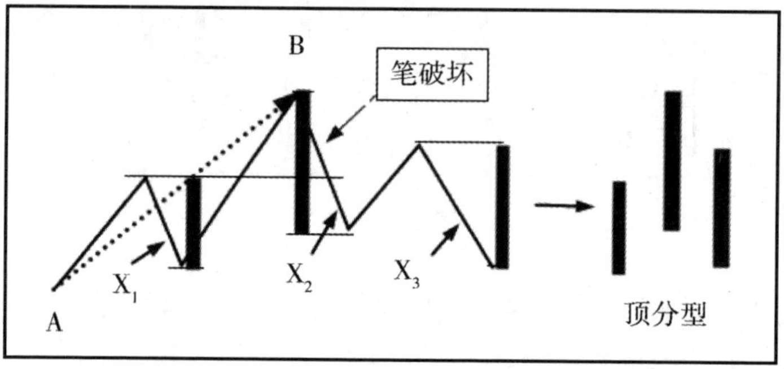

图 1-4-24

如图 1-4-25 所示，向上线段 AB 出现笔破坏，当 X 元素标准特征序列未出现顶分型，则 B 点不是原线段的结束点，原线段 AB 仍在延伸中。

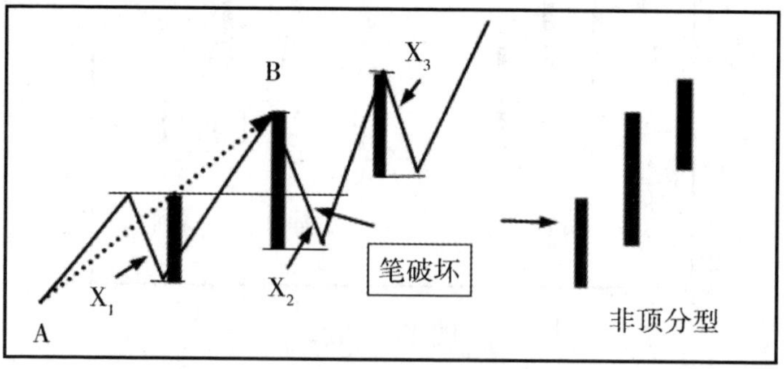

图 1-4-25

如图 1-4-26 所示，向下线段 AB 出现笔破坏，当 S 元素出现标准特征序列的底分型，原线段 AB 结束于底分型的底点 B。

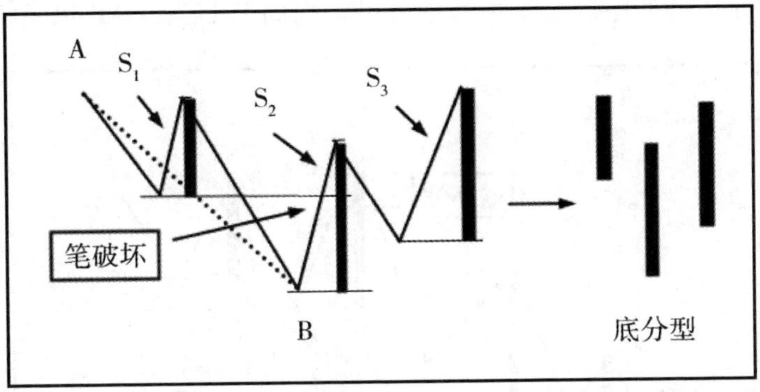

图 1-4-26

如图 1-4-27 所示，向下线段 AB 出现笔破坏，当 S 元素标准特征序列未出现底分型，则 B 点不是原线段的结束点，原线段 AB 仍在延伸中。

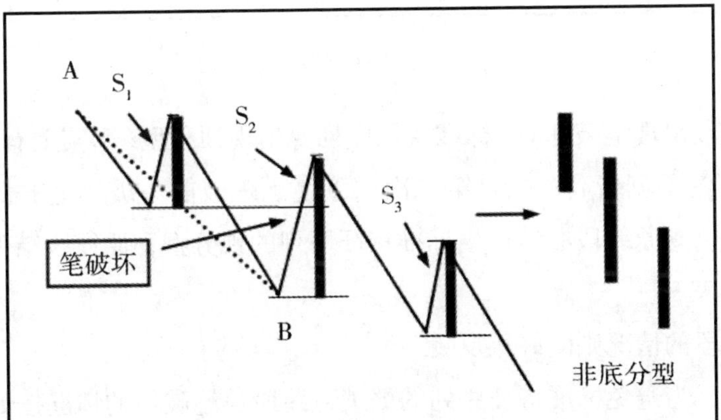

图 1-4-27

以向上线段为例，线段出现笔破坏的情况下，如果回升的那笔又创出新高，那么标准特征序列上自然未出现顶分型，原线段必然没有结束。另一种情况是，回升的那笔虽没有创出新高，但再次向下的那笔也并未破掉破坏那笔的最低点，这种情况下，原线段也并未结束。

如图 1-4-28 所示，向上线段 AB 被笔破坏，回升时虽未创新高，但接下来的那笔也未跌破破坏笔的低点，这种情况下，特征序列 4 被特征序列 3 包含，经合并后，标准特征序列仍未出现顶分型，因而向上线段 AB 仍未结束。

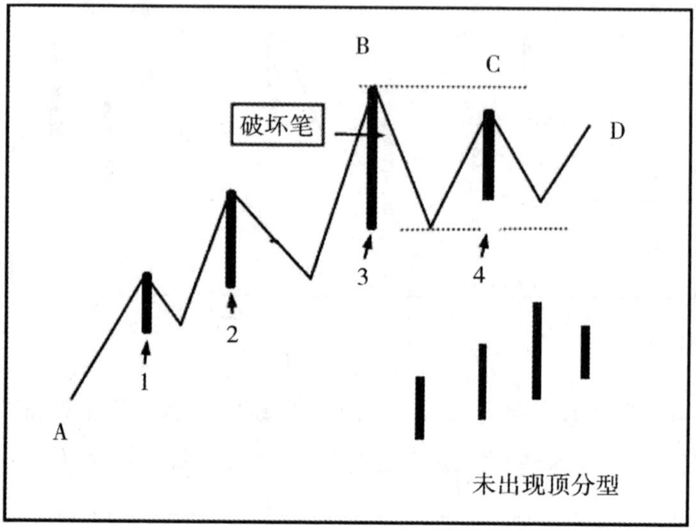

图 1-4-28

向上线段出现笔破坏时，标准特征序列要出现顶分型，事实上有两个要求：一是回升那笔不创新高；二是第二次向下笔须跌破前一破坏笔的低点。满足这两个条件，则原线段必然产生标准特征序列的顶分型，原线段结束。否则，原线段未结束。

向下线段的情况则刚好相反。

事实上，为避免标准特征序列的繁琐，线段被笔破坏的情况按如下定义将更简洁：一个向上线段被笔破坏，如果破坏后回升不创新高且第二向下笔跌破前向下笔的低点，则原向上线段结束，结束点为破坏笔的高点。一个向下线段被笔破坏，如果破坏后回抽不创新低且第二向上笔升破前向上笔的高点，则原向下线段结束，结束点为破坏笔的低点。

如图 1-4-29 所示，向上线段 AB 被 BC 笔破坏后，如果 CD 不创新高，随后 DE 跌破 BC 的低点 C，则新线段产生，原向上线段在 B 点结束。向下线段

EF 被 FG 笔破坏后，如果 GH 不创新低，随后 HI 升破 FG 的高点 G，则新线段产生，原向下线段在 F 点结束。

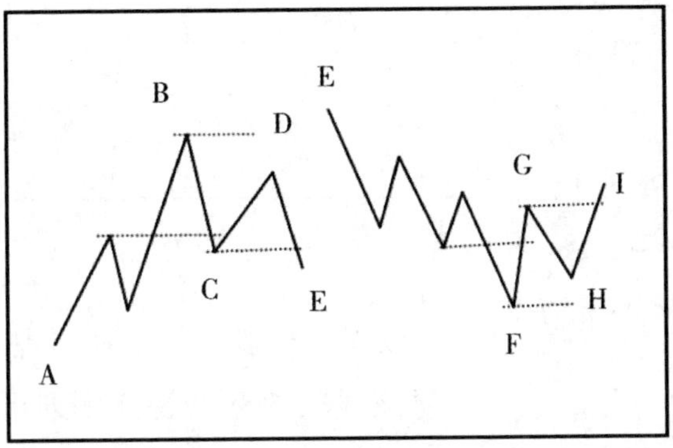

图 1-4-29

为什么要区分第二种情况，因为是不希望在线段的层次上出现小级别转大级别这样不确定的情况，用第二种情况就能解决这个问题。（教你炒股票 77）

从这个例子就知道笔破坏与线段破坏的异同。对于线段破坏的第二种情况，例如线段 B 对线段 A 是第二种情况，而线段

2）第二种情况，未出现笔破坏情况的划分

线段未出现笔破坏，指第一和第二元素间存在特征序列的缺口。当向上线段从最高点向下的笔不触及线段的前一个顶，或者向下线段从最低点向上的笔不触及线段的前一个底，则为线段未出现笔破坏的情况。

如图 1-4-30 所示，左边向上线段的向下笔未触及线段的前一个顶，与前顶之间存在缺口；右边向下线段的向上笔未触及线段的前一个底，与前底之间存在缺口，都属于线段未被笔破坏的情况。

线段未出现笔破坏，意味着走势对原线段转折的能量不足，因此，能否形成线段破坏，后续情况有待进一步观察，划分标准也要比线段出现笔破坏的情况更复杂。

C没有形成第二特征序列的分型又直接新高或新低了，这时候，不能认为这是三个线段，线段A、B、C加起来只能算是一个线段。（教你炒股票78）

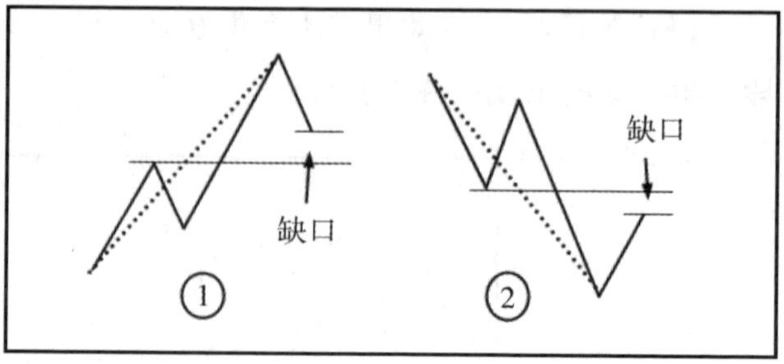

图 1-4-30

以向上线段为例，在出现笔破坏的情况下，只要该线段的标准特征序列出现顶分型，则向上线段宣布结束。但在未出现笔破坏的情况下，即使该线段的标准特征序列出现顶分型，仍不能宣布该向上线段结束。

如图 1-4-31 所示，左边向上线段 AB 出现笔破坏，标准特征序列至 C 时出现顶分型，则向上线段 AB 宣布结束。右边向上线段 AB 未出现笔破坏，虽然标准特征序列至 C 时出现顶分型，但该向上线段至 C 时仍被认为未结束。

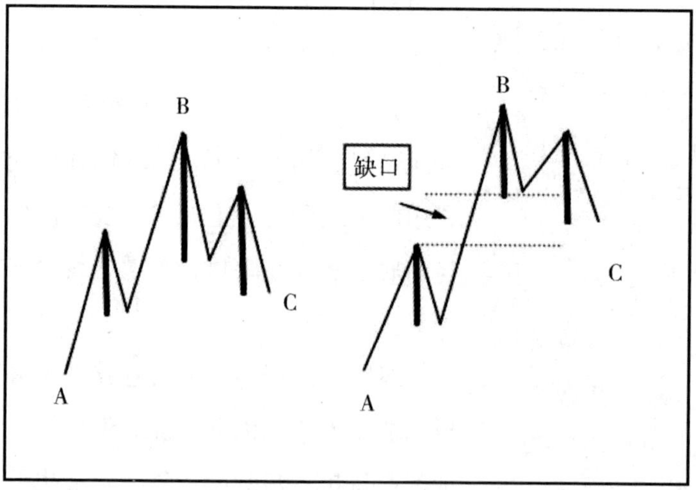

图 1-4-31

线段未出现笔破坏的情况下，向上线段何时结束，缠中说禅在“教你炒股票”第 67 课关于线段的划分标准中有如下规定。

第二种情况：特征序列的顶分型中，第一和第二元素间存在特征序列的缺口，如果从该分型最高点开始的向下一笔开始的序列的特征序列出现底分型，那么该线段在该顶分型的高点处结束，该高点是该线段的终点；特征序列的底分型中，第一和第二元素间存在特征序列的缺口，如果从该分型最低点开始的向上一笔开始的序列的特征序列出现顶分型，那么该线段在该底分型的低点处结束，该低点是该线段的终点。

如图 1–4–32 所示，向上线段 AB 未出现笔破坏，需要等到从该顶分型最高点 B 开始的向下一笔开始的标准特征序列出现底分型，该线段才在该顶分型的高点 B 处结束，该高点 B 是原线段的终点。

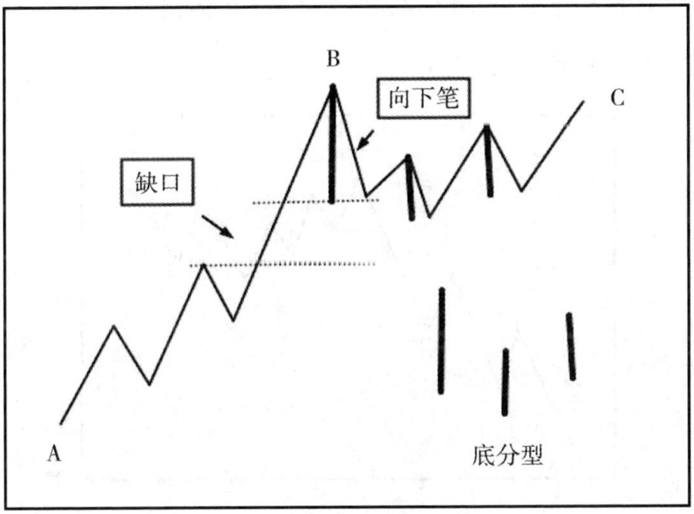

图 1–4–32

注意：对于缠中说禅在“教你炒股票”第 67 课关于线段划分中的原话，“如果从该分型最高点开始的向下一笔开始的序列的特征序列出现底分型”中的“向下一笔开始的序列的特征序列”究竟何指，是考察向下笔的特征序列还是向上笔的特征序列，读者中存在分歧。图1–4–32是笔者按缠中说禅博文语意"向下一笔的序列的特征序列"来划出向下笔的特征序列的。也有部分缠论学习者认为应按"线段标准特征序列"的规定来处理，即向下线段应考察向上笔的特征序列。按照这种观点，则图1–4–32中底分型考察向下笔特征序列是错误的，应考察向上笔的特征序列。

实际上，根据线段被线段破坏的原理，图中新向下线段没有确定之前，原向上线段AB暂不能认为已经结束，B点之后的运行仍被认为是向上线段的延伸，考察向下笔的特征序列亦符合此规定。当然，读者到底该选取哪种方法来划分处理，这是见仁见智的问题。这里笔者以3个实例，观察一下取向下笔和向上笔划分时的细微差别。

第一例：图1–4–33为向上线段未被笔破坏的情况，这种情形下，如图1–4–34所示，按取向下笔特征序列为例，则至C处标准特征序列出现底分型，原向上线段于B点结束。

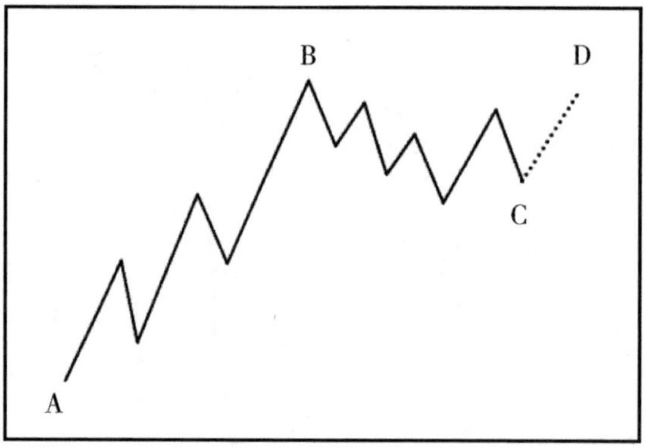

图 1–4–33

按取向上笔特征序列为例，如图1–4–35所示，则至C处标准特征序列仍未出现底分型，需至D处标准特征序列才出现底分型，原向上线段于B点结束。

二者的区别相差一笔，取向下笔比取向上笔可提前一笔得出结论。

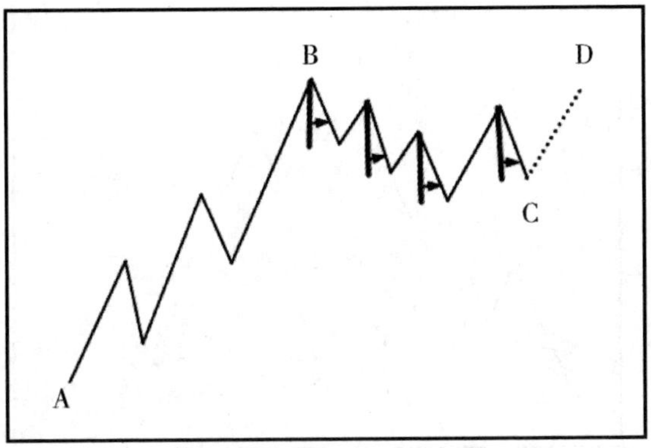

图 1–4–34

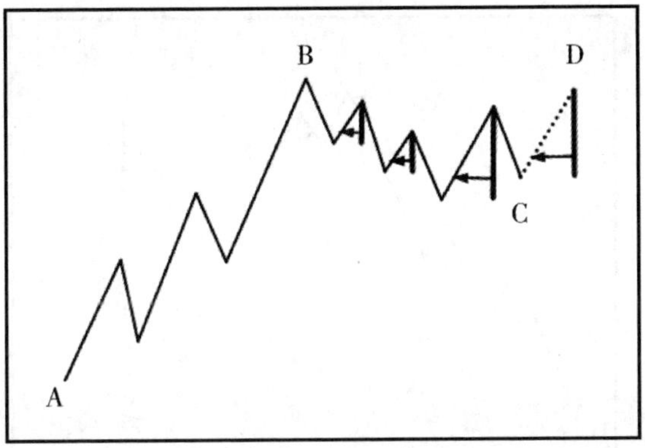

图 1–4–35

第二例：图 1–4–36 为向上线段未被笔破坏的情况，这种情形下，如图 1–4–37 所示，按取向上笔特征序列，则至 C 处标准特征序列出现底分型，原向上线段于 B 点结束。

按取向下笔特征序列，如图 1–4–38 所示，则至 C 处标准特征序列仍未出现底分型，需至 D 处标准特征序列才出现底分型，原向上线段于 B 点结束。

二者的区别也是相差一笔，不过划分的结果与第一例正好相反，取向上笔比取下笔可提前一笔得出结论。

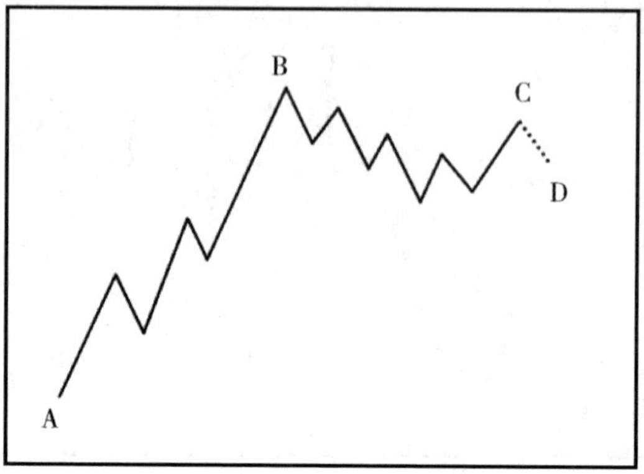

图 1-4-36

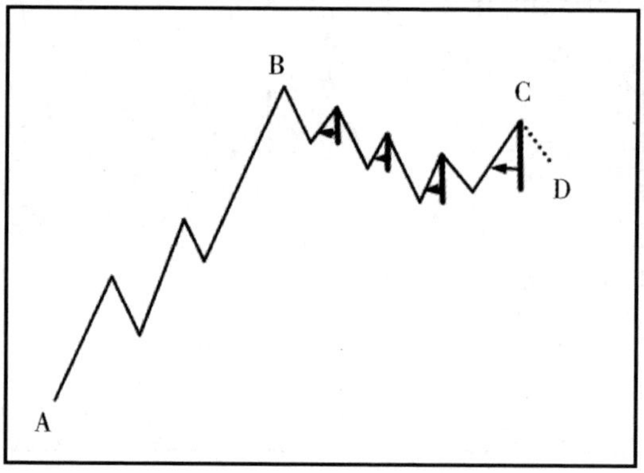

图 1-4-37

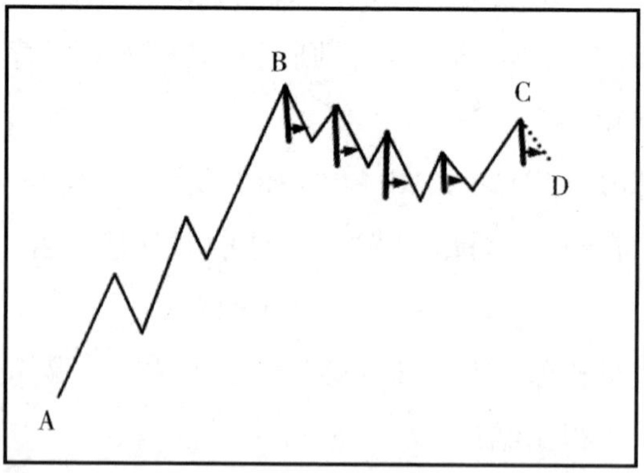

图 1-4-38

第三例：图 1-4-39 为向上线段未被笔破坏的情况，这种情形下，如图 1-4-40 所示，按取向下笔的特征序列，则至 C 处标准特征序列出现底分型，原向上线段于 B 点结束。

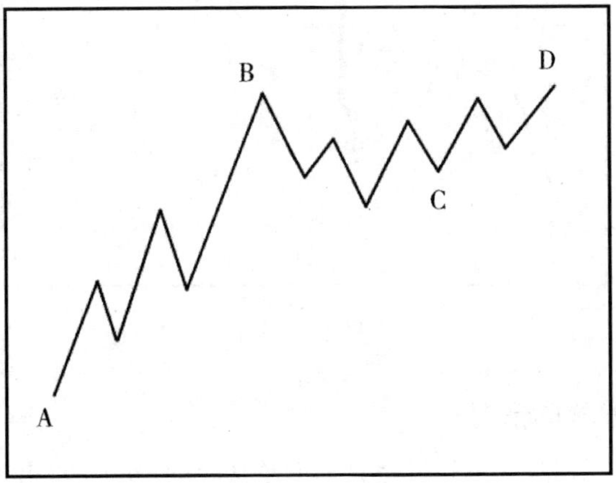

图 1-4-39

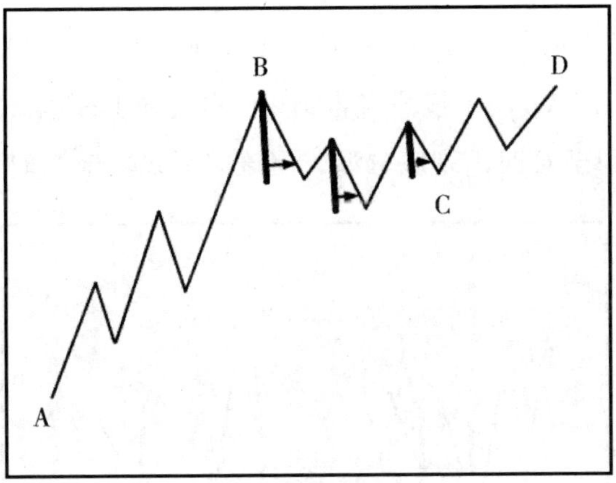

图 1-4-40

按取向上笔特征序列，如图 1-4-41 所示，则无论特征序列 1 算不算，延至 D 处标准特征序列都未出现底分型，这是相当令人困惑的地方。

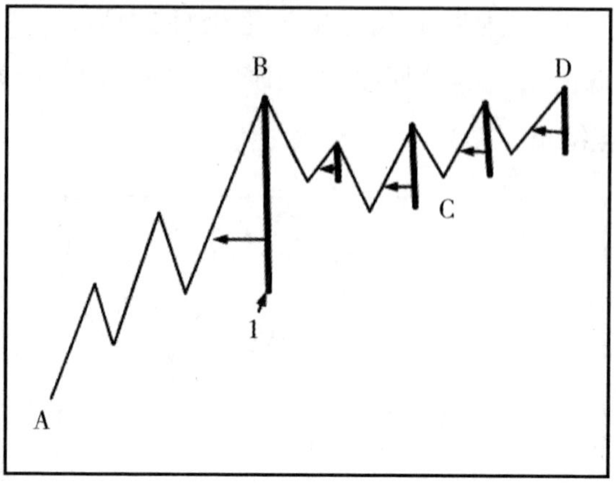

图 1-4-41

再分析向下线段的情况。

在出现笔破坏的情况下，只要该线段的标准特征序列出现底分型，则向下线段宣布结束。但在未出现笔破坏的情况下，即使该线段的标准特征序列出现底分型，仍不能宣布该向下线段结束。

如图 1-4-42 所示，左边向下线段 AB 出现笔破坏，当其标准特征序列至 C 时出现底分型，则 AB 向下线段宣告结束。右边向下线段 AB 未出现笔破坏，虽然标准特征序列至 C 时出现底分型，但该向下线段至 C 时仍未宣布结束。

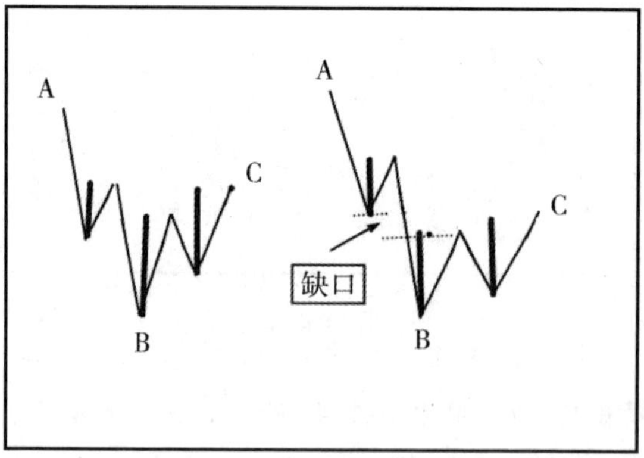

图 1-4-42

线段未出现笔破坏的情况下，该向下线段何时结束，需等到从该底分型最低点开始的向上一笔开始的标准特征序列出现顶分型，该线段才在该底分型的低点处结束，该低点是原线段的终点。

如图 1–4–43 所示，向下线段 AB 未出现笔破坏，需要等到从该底分型最低点 B 点开始的向上一笔开始的标准特征序列出现顶分型，原线段才在该底分型的低点 B 处结束，该低点 B 是原线段的终点。

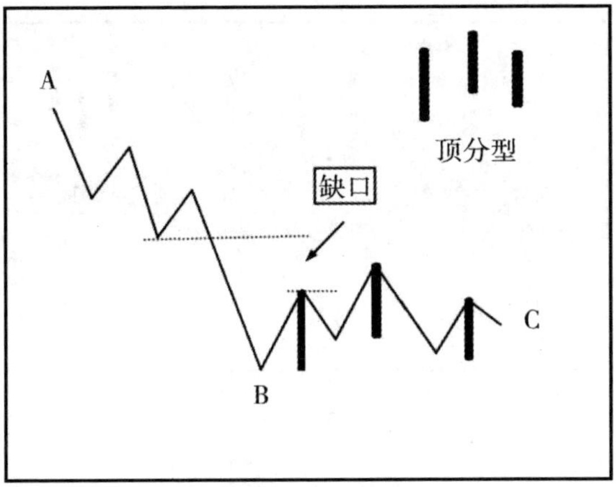

图 1–4–43

图 1–4–43 中存在的分歧与前面向上线段分析的情况相同，不再另述。

为什么线段划分的第二种情况比第一种情况更复杂？因为缠中说禅认为，线段破坏的第二种情况，本质上是以时间换空间。反攻开始时的力量很弱小，甚至不能触及原线段的前高或前低，还需要慢慢积累能量。这一方面代表原方向的力量很强，另一方面，又要密切关注是否会形成骨牌效应，也就是开始的反攻力度很小，但能迅速蓄积力量，蔓延开来。这往往也证明，市场原方向的分力，其结构具有趋同性，一旦有点风吹草动，便能集体转向。

上面两种情况，给出了所有线段的划分标准。显然，出现标准特征序列的分型，是线段结束的前提条件。以后关于线段的划分，都以此精确的定义为基础。

6. 缠论对线段的特殊补充

（1）在线段未被笔破坏的第二种情况下，后一特征序列不一定封闭前一特征序列相应的缺口，而且，第二个序列中的分型，不分第一种、第二种情况，只要有分型就可以。

如图 1–4–44 所示，后一特征序列没有封闭前一特征序列相应的缺口，只要出现底分型，原线段即于 B 点结束。

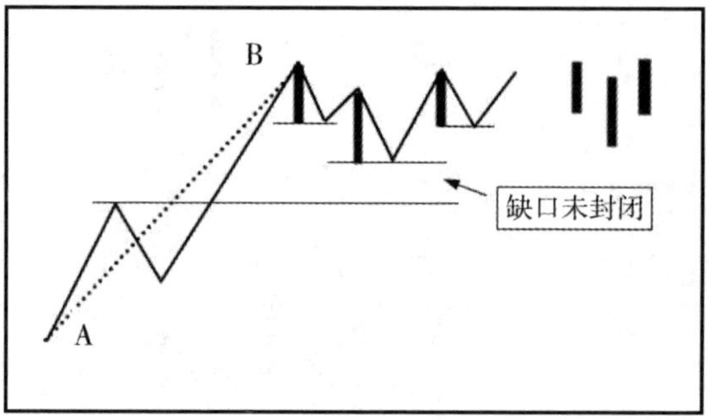

图 1–4–44

如图 1–4–45 所示，后一特征序列没有封闭前一特征序列相应的缺口，后一特征序列中即使出现线段未被笔破坏的第二种情况，只要出现底分型，原线段即于 B 点结束。

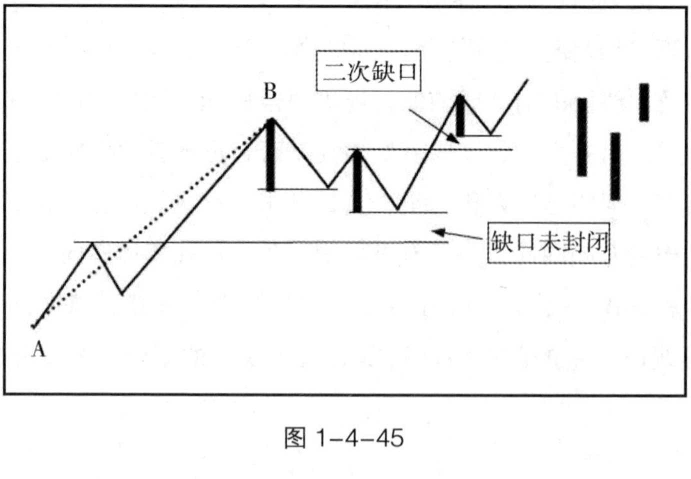

图 1–4–45

但有些突然性的逆着走势来的缺口，就必然要当成一段，而不能光当成一笔或一笔里的了。（教你炒股票 65）

有些突然性的逆着走势来的缺口，就像“530”[①]那个，就必然要当成一段，而不能光当成一笔或一笔里的了。有人可能说，缺口没有三笔。那你可以这样去看，就像 0=0+0+0，缺口可以看成是三个缺口的迭加，这样就有三笔以上了。（教你炒股票 65）

①指 2007 年 5 月 30 日出现的股市暴跌事件，有人将其视为中国的股灾纪念日，发生在 A 股超级大牛市中后期的 2007 年，始于 5 月 30 日，6 月 5 日企稳，上证指数 5 个交易日最大跌幅 21.5%。

7. 缺口和线段

何谓缺口，就是在该单位 K 线图上，两相邻的 K 线间出现没有成交的区间，这一区间就谓之缺口。

由于缺口是最低极别的，而走势中，往往相连的级别越低，表示其力度越大，所以有些缺口在走势分析中会有较强的技术含义。

缺口有突破性缺口、中继性缺口和衰竭性缺口。一般来说，突破性缺口极少回补，这是强势缺口。中继性缺口也就是趋势延续中的缺口，回补的概率对半，但都一定会继续创新高或新低，至少是平势的。缺口后迅速回补并形成转折，则是衰竭性缺口。

有一种特殊情况，就是大力度的反向缺口。这种大力度的反向缺口可以直接看成一个线段，例如走势中的反向跳空。

如果一个线段在上涨过程的最后一个上涨笔，突然反向跳空，这个跳空可以当作一段。如图 1–4–46 所示，62 至 63 为大力度的反向缺口，缠中说禅将其划为一段。

反向缺口可以算一段。但是如果这个跳空的力度或幅度很小，连最后一个向上笔的低点都没有击穿，就只当作一笔处理即可。但是如果这个跳空在上涨线段的最后向下一笔时突然向上跳空，也只当作一笔处理。

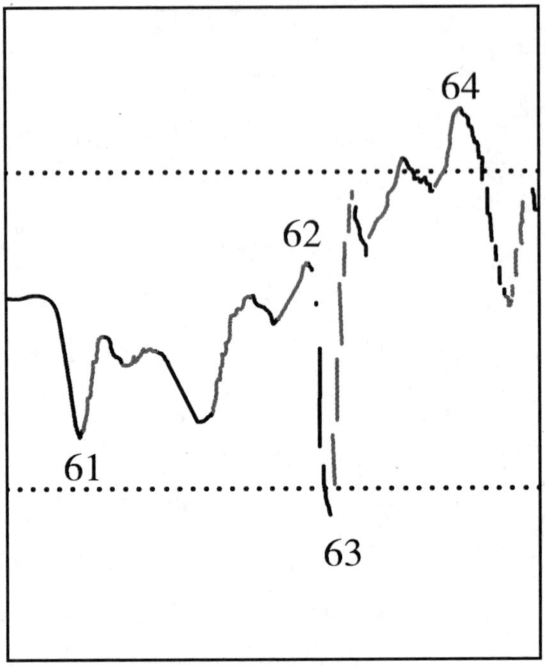

图 1-4-46

8. 结语

线段是在笔的基础上发展出来的，划分线段，是为了定义出最小级别上的走势中枢，然后寻找适合的买卖点。这里有一个最简单的问题，就是为什么不能由笔构成最小中枢？即把笔当成构成中枢的零件？

缠中说禅认为，不把笔当成构成最小中枢的零件，是因为这样构造出来的系统，其稳定性极差。因为一笔的基础是顶分型和底分型，而一些瞬间的交易，就足以影响其结构。例如，突然有人打错单，或者有人给老鼠仓送货，那么全天走势的分析就大变样了。而由线段构成最小中枢，则不存在这个问题。一个线段的改变，不会因为偶尔一笔的错误而发生改变。也就是说，线段受偶发性因素的影响比较小，想想破坏一个线段的麻烦程度，就知道这一点。

从心理上看，偶发因素是允许发生的，只要不被再次确认，就证明偶发因素对原来的心理合力没有太大影响，反过来确认了该合力的有效性。线段破坏本身，其实就反映着一种微妙的心理结构的变化。特征序列分型的引入，本质上就是去勾勒这种心理结构的变化。就像一般的分型，三次确认才能构成。特征序列的分型，本质上也是一样的，这样的确认，其有效性就极大地增加了。由此构成最小中枢的零件，才是合适的。

如果说三根 K 线的折腾就可以决定一笔的转折，那么一个线段的破坏转折，就需要三个特征序列分型的折腾。这样，市场买卖双方都有足够的时间去反应，从而使得体现出的合力痕迹，当然具有了一定的延续性。而一个线段，至少由三笔组成，这也使得转折后的新线段，同样可以让合力得到充分体现，而对比这两个不同方向的线段，买卖双方在相应时间内的心理、实力对比，就一目了然了。

更重要的是，线段破坏的两种方式，是存在很大的心理面不同的。第一种方式，第一笔攻击就直接攻破上一段的最后一次打击，证明这反攻的力量是有力的。再回来一笔，代表着原方向力量的再次打击，但反攻力量抗住并再次反攻形成特征序列的分型，这证明反攻至少构造了一个停歇的机会。最坏的情况，就是双方都稍微冷静一下，再去选择市场运行的方向。而这，就恰好构成了最小中枢形成的心理基础。

五、走势中枢

走势中枢是缠论中一个十分重要的概念，缠论中的买卖点都与走势中枢密切相关。因此，彻底理解走势中枢的定义、划分及其性质，对掌握和理解缠论各种买卖点犹为重要。

1. 走势中枢的定义及划分

走势中枢，其实就是买卖双方于关键位置反复争夺较量的过程在走势图中的客观反映，与箱体理论中的箱体类似。

缠中说禅走势中枢定义：某级别走势类型中，被至少三个连续次级别走势类型所重叠的部分，称为缠中说禅走势中枢。换言之，走势中枢就是由至少三个连续次级别走势类型的重叠部分所构成。

必须先引入缠中说禅走势中枢的概念：某级别走势类型中，被至少三个连续次级别走势类型所重叠的部分，称为缠中说禅走势中枢。换言之，缠中说禅走势中枢就是至少三个连续次级别走势类型重叠部分所构成。（教你炒股票17）

任何级别的所有走势，都能分解成趋势与盘整两类，而趋势又分为上涨与下跌两类。（教你炒股票17）

缠中说禅趋势：在任何级别的任何走势中，某完成的走势类型至少包含两个以上依次同向的缠中说禅走势中枢，就称为

根据这个定义，要弄明白缠中说禅走势中枢，首先得弄明白“级别”和“走势类型”这两个关键概念，否则一切都无法继续下去。

1）级别

所谓级别，其原始含义是指时间周期，比如打开交易软件上的日K线图，那么看到的走势就是日线级别；同理，打开30分钟K线图，那么看到的走势就是30分钟级别。

走势的级别从高到低，有年、季、月、周、日、30分钟、5分钟、1分钟等多种。其中时间周期越长，级别就越高，时间周期越短，级别就越低。交易软件中，以年级别为最高级别，1分钟级别为最低级别。

缠论中的级别有两种含义，一种是级别的原始含义，即时间周期，这主要用于走势的同级别分解，这种情况下，走势图中的级别是固定的。比如，在1分钟级别图上，所有走势的分解都是1分钟级别的。换言之，所有走势都可以分解成1分钟级别的走势类型的连接。

另一种级别，也即缠论真正意义上的级别，它与时间周期无关，是对走势运用递归原理，从最低级K线一步步归纳出来的，主要用于走势的非同级别分解。比如，在1分钟级别图上，用递归归纳出5分钟、30分钟或更高级别的走势。这种方法，可以消除因模板简略不同而造成的时间周期级别上级别与级别之间的矛盾。

如图 1-5-1 所示的 a+A+b+B+c 走势，其中 a、b、c 是 1 分钟级别以下的走势类型，A 是 3 个 1 分钟以下走势类型联结的 5 分钟走势中枢，B 是走势围绕 5 分钟走势中枢震荡出 6 段次级别走势造成中枢扩展成 30 分钟走势中枢。从级别上说，图中就包含了 1 分钟以下、1 分钟、5 分钟、30 分钟等级别的走势。

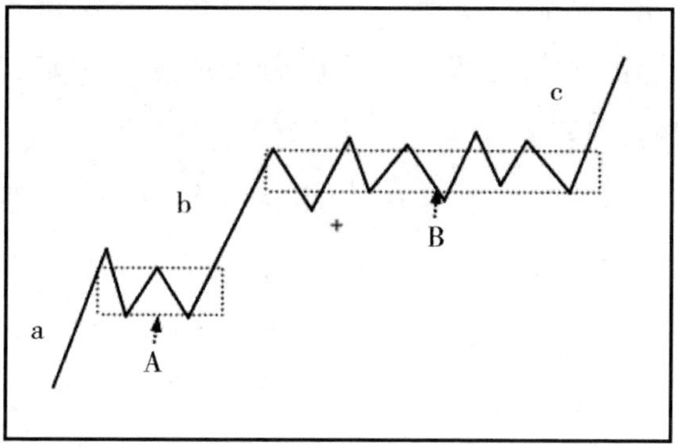

图 1-5-1

缠论意义上的级别设定，假设具体操作的级别为本级别，而与本级别相关联的下一级别，便称为次级别，再下一级别为次次级别。由于构成笔最少需要 5 根 K 线，所以本级别与次级别之间的关系，可以参照下列对应关系：

年—月—周—日—30 分钟—5 分钟—1 分钟。

如果本级别是年，那么次级别就是月，次次级别就是周。

如果本级别是日，那么次级别就是 30 分钟，次次级别就是 5 分钟。

该级别的缠中说禅趋势。该方向向上就称为上涨，向下就称为下跌。（教你炒股票 17）

缠中说禅盘整：在任何级别的任何走势中，某完成的走势类型只包含一个缠中说禅走势中枢，就称为该级别的缠中说禅盘整。（教你炒股票 17）

缠中说禅走势中枢：某级别走势类型中，被至少三个连续次级别走势类型所重叠的部分。具体的计算以前三个连续次级别的重叠为准，严格的公式可以这样表示：次级别的连续三个走势类型 A、B、C，分别的高低点

是 $a_1\backslash a_2,b_1\backslash b_2,c_1\backslash c_2$。则，中枢的区间就是 [max（$a_2,b_2,c_2$），min（$a_1,b_1,c_1$）]。实际上用目测就可以，不用这么复杂。（教你炒股票18）

前面已经很明确地指出，缠中说禅走势中枢由前三个连续次级别走势类型的重叠部分确定。其后的走势有两种情况：一、该走势中枢的延伸。二、产生新的同级别走势中枢。（教你炒股票18）

有了上面的定理，就可以很精确地讨论走势中枢的问题了：根据走势中枢的数学表达式：A、B、C分别的高低点是 $a_1\backslash a_2,b_1\backslash b_2,c_1\backslash c_2$，

如果本级别是5分钟，那么次级别就是1分钟，次次级别就是1分钟以下。

2）走势类型

走势类型的概念有些复杂，要谈“走势类型”，必须先谈“走势”。

缠论中所谓走势，就是股价在K线图上忽上忽下的运行轨迹。它由三种不同的走势类型连接而成，即上涨、下跌和盘整。可以说任何股票的任何走势，都可以分解成这三种走势类型的连接。

三种走势类型中，上涨和下跌这两种类型，又统称趋势。所以也可以说，任何股票的走势，都是由趋势和盘整这两大走势类型构成的。

那么，趋势和盘整具体又如何确定呢？如果不弄清楚何谓趋势，何谓盘整，就无法准确找出这些走势类型，也就没法确定走势中枢。

缠论中对于趋势是这样定义的：在任何级别的任何走势中，某完成的走势类型至少包含两个以上依次同向的走势中枢，就称为该级别的趋势。该方向向上就称为上涨，向下就称为下跌。

如图1–5–2所示，AB走势中包含两个同向的中枢，方向向上，称上涨。CD走势中包含两个同向的中枢，方向向下，称下跌。

缠论中对于盘整是这样定义的：在任何级别的任何走势中，某完成的走势类型只包含一个走势中枢，就称为该级别的盘整。

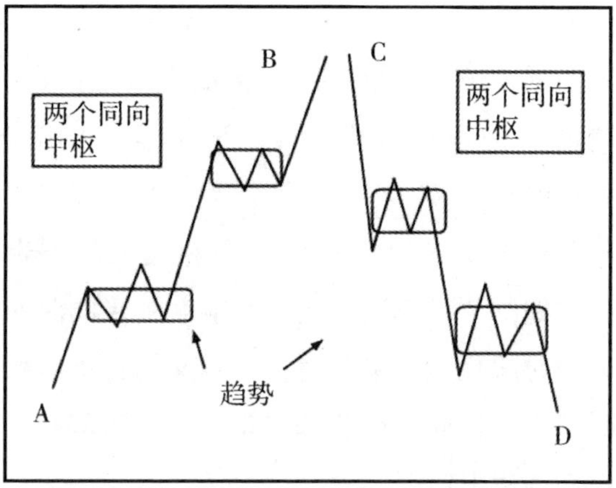

图 1–5–2

如图 1–5–3 所示，AB 走势中只包含一个同向的中枢，无论方向是向上还是向下，都称盘整。

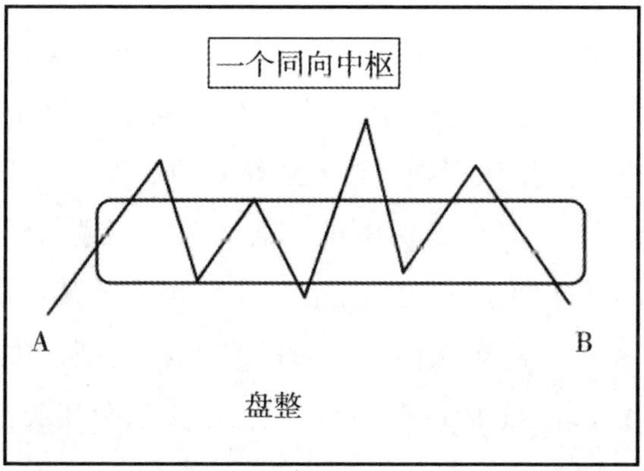

图 1–5–3

定义是通过一个概念明确另一个概念内涵的逻辑方法。通过上面缠论对走势中枢、走势类型、趋势和盘整的定义，可以发现缠论中枢在定义上陷入了一个循环定义的矛盾：要借用走势类型来定义和划分走势中枢，但说明走势中枢的构造元

则中枢的区间就是[max（a_2,b_2,c_2），min（a_1,b_1,c_1）]。而中枢的形成无非两种，一种是回升形成的，一种是回调形成的。对于第一种有$a_1=b_1$,$b_2=c_2$；对第二种有$a_2=b_2$,$b_1=c_1$。但无论是哪种情况，中枢的公式都可以简化为[max（a_2,c_2），min（a_1,c_1）]。显然，A、C段，其方向与中枢形成的方向是一致的。由此可见，在中枢的形成与延伸中，由与中枢形成方向一致的次级别走势类型的区间重叠确定。例如，回升形成的中枢，由向上的次级别走势类型的区间重叠确定，反之依然。为方便起见，以后都把这些与中枢方向一致

件走势类型时，又反过来要用走势中枢进行定义，这就违反了逻辑上给事物下定义时不能循环定义的规定，由此也给人们理解走势中枢带来诸多障碍和困惑。

用一个例子就可以说明循环定义的逻辑错误。比如给“母鸡”下定义：能生鸡蛋的鸡叫母鸡。同时解释“鸡蛋”时，又定义为：母鸡生的蛋叫鸡蛋。这样给母鸡和鸡蛋下定义时就犯了循环定义的逻辑错误。

再比如，给“偶数”下定义：偶数就是奇数加 1。但是在解释“奇数”的时候，同时定义为：奇数就是偶数减 1。这就犯了循环定义的逻辑错误，绕来绕去，等于没说。

缠论中对走势中枢的定义，所犯的逻辑性错误是比较隐蔽的。缠中说禅在动手划分走势中枢时也许认识到了这一逻辑矛盾，因此在“教你炒股票”第 35 课中说：前面课程，最基础的无非两方面，一、中枢；二、走势类型及其连接。这两方面相互依存，如果没有走势类型，中枢也无法定义；而没有中枢，走势也无法分出类型。如果理论就此打住，那么一个循环定义就不可避免。

缠中说禅认为要解决该循环定义带来的矛盾，可以凭借级别的概念来消解。认为有了级别，一个严格的递归式定义就可以展开。所以缠中说禅在讲解中划分走势中枢时，在最小级别上采用的元件并不是走势类型，而是线段。即用线段先定义出最低级别的中枢来，再

> *的次级别走势类型称为 Z 走势段，按中枢中的时间顺序，分别记为 Zn 等，而相应的高低点分别记为 gn、dn，定义四个指标，GG=max(gn),G=min(gn),D=max(dn),DD=min(dn)，n 遍历中枢中所有 Zn。特别地，再定义 ZG= min(g_1，g_2),ZD=max(d_1，d_2)，显然，[ZD，ZG] 就是缠中说禅走势中枢的区间。（教你炒股票 20）*
>
> *第二种，只有笔。笔是不能构成中枢的，这就是笔和线段以及线段以上的各种级别走势类型的最大区别。（教你炒股票 91）*

找出 1 分钟级别的走势类型，然后按照递归的方法，逐步定义 5 分钟、30 分钟、日、周、月、季、年的走势中枢和走势类型。

事实上，上述递归虽可以解决实际中的划分，但理论上走势中枢循环定义的矛盾并没有消解。实际推理过程中，用走势类型来划分走势中枢会十分复杂和繁琐。

比如，要在 1 级别走势中划分走势中枢，按定义，必须先找出 2 级别走势中的走势类型。而要找出 2 级别中的走势类型，就必须先找出 2 级别中的走势中枢。而要找出 2 级别中的走势中枢，按照定义，必须先找出 3 级别走势中的走势类型。而要找出 3 级别中的走势类型，就必须先找出 3 级别中的走势中枢。而要找出 3 级别中的走势中枢，按定义，必须先找出 4 级别走势中的走势类型。而要找出 4 级别中的走势类型，就必须先找出 4 级别中的走势中枢。而要找出 4 级别中的走势中枢，按定义，必须先找出 5 级别走势中的走势类型。如此循环下去，最终都要回到 K 线软件上最小的 1 分钟级别上来，由 1 分钟级别上的线段开始，逐步往上递归。

实际讲解和操作中，缠中说禅也是用线段来划分最小级别的走势中枢，然后再逐级向上递归。用走势类型来作中枢的构造元件，会使缠论永远也离不开 1 分钟级别，从而大大增加实际操作的难度和复杂性。

要消解这一矛盾，其实完全可以改变走势中枢定义的元素，即用一个不必依赖走势中枢即可明确的已知元素来给走势中枢下定义。最合适的当然就是线段。

这样就有了新的走势中枢定义：某级别走势类型中，被至少三个连续次级别线段所重叠的部分，称为缠中说禅走势中枢。换言之，走势中枢就是由至少三个连续次级别线段重叠部分所构成。

线段是不需要依靠走势中枢即可以确立的已知概念。用线段作为划分走势中枢的基础，经过适当的修正，使得定义上不仅绕过了循环定义的矛盾，而且使缠中说禅花费大量时间和精力论述的线段也有了用武之地，真正派上了用场。

由于线段是明确的，用线段作为划分走势中枢的元件，一切复杂的问题都可迎刃而解。大家找日线的中枢，直接打开 30 分钟周期图就可找到。找 30 分钟的中枢，直接打开 5 分钟周期图就可找到，不必再从 1 分钟周期图逐步递归并层层标记。

当然，如果有些人能力十分出色，对递归程序异常熟悉，对逐级递归和标识也不厌其烦，尤其对缠论一字一句无不奉为圭臬，那么自然可以按缠中说禅的要求来执行。但按线段来定义和划分中枢，无疑会使大多数学习者走出迷宫，带来简便。

缠中说禅认为：走势中枢的形成无非两种，一种是回调形成的（下—上—下型走势中枢）；一种是回升形成的（上—下—上型走势中枢）。

如图 1–5–4 所示，阴影部分是在上涨中回调形成的下 – 上 – 下型走势中枢。中枢区间为下—上—下三段的重叠部分，区间的高点称 ZG，区间的低点称 ZD。

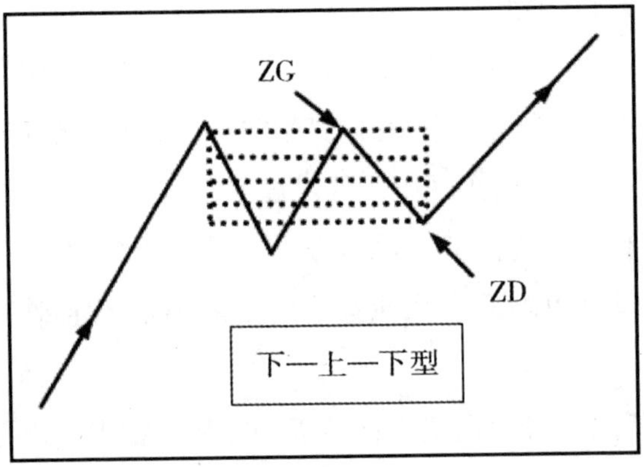

图 1–5–4

注意：上涨中形成的走势中枢，从向下的段开始算起。图中的走势中枢，不含有第一段向上的部分。

图 1–5–5 所示为在下跌中回升形成的上—下—上型走势中枢。中枢区间为上—下—上三段的重叠部分，区间的高点称 ZG，区间的低点称 ZD。

注意：下跌中形成的走势中枢，从向上的段开始算起。图中的走势中枢，不含有第一段向下的部分。

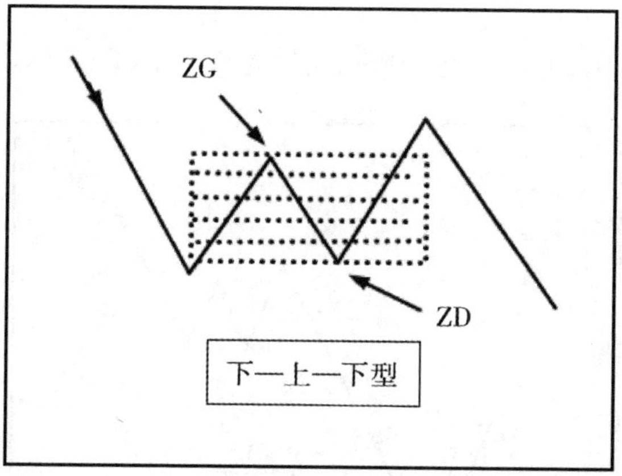

图 1-5-5

有了走势中枢的定义，就可以据此在任何一个周期级别的走势中找到缠中说禅走势中枢了。有了中枢，也就可以对走势类型“盘整”和“趋势”给出一个精确的定义。

盘整：在任何级别的任何走势中，某完成的走势类型只包含一个走势中枢，就称为该级别的盘整。

如图 1-5-6 所示，AB 为走势中的盘整，只包含一个走势中枢。

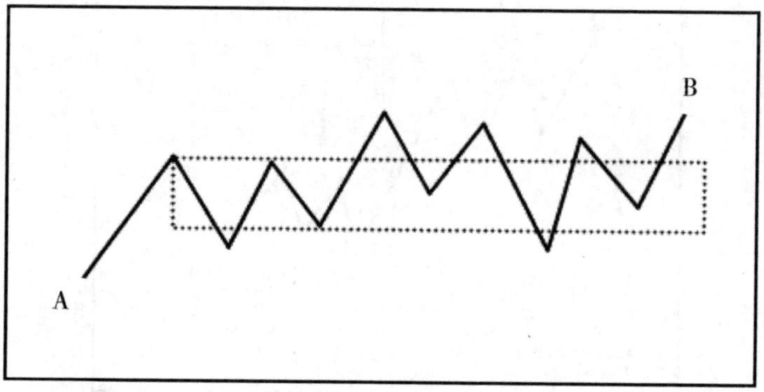

图 1-5-6

趋势：在任何级别的任何走势中，某完成的走势类型至少包含两个以上依次同向的走势中枢，就称为该级别的趋势。该方向向上就称为上涨，向下就称为下跌。

如图 1–5–7 所示，AB 为趋势中的上涨，含有两个以上依次向上的走势中枢。

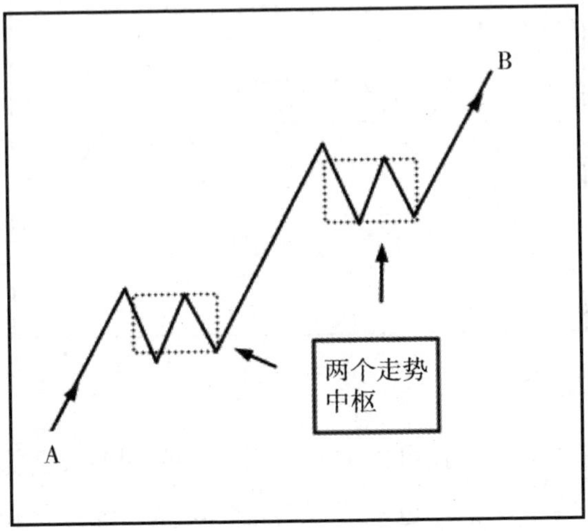

图 1–5–7

如图 1–5–8 所示，AB 为趋势中的下跌，含有两个以上依次向下的走势中枢。

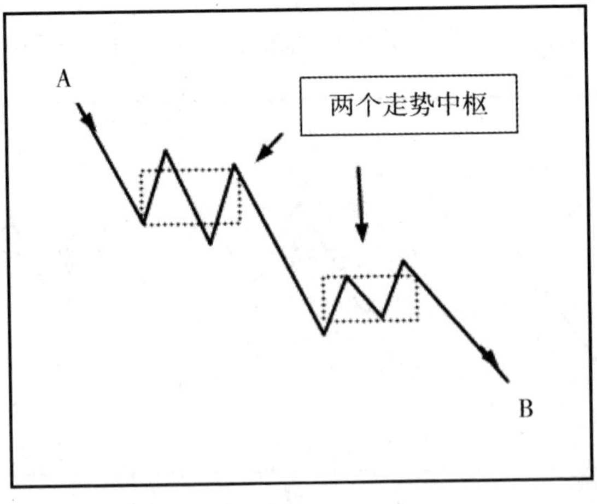

图 1–5–8

如图 1–5–9 所示，AB 为趋势中的上涨，含有两个依次向上的走势中枢，走势中枢向上新生，即趋势中的上涨。

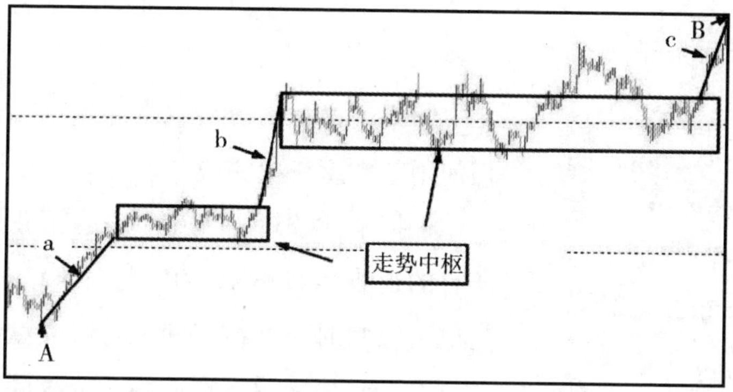

图 1–5–9

如图 1–5–10 所示，实线箭头所指范围内含两个依次同向的走势中枢，走势中枢向下新生，即趋势中的下跌。

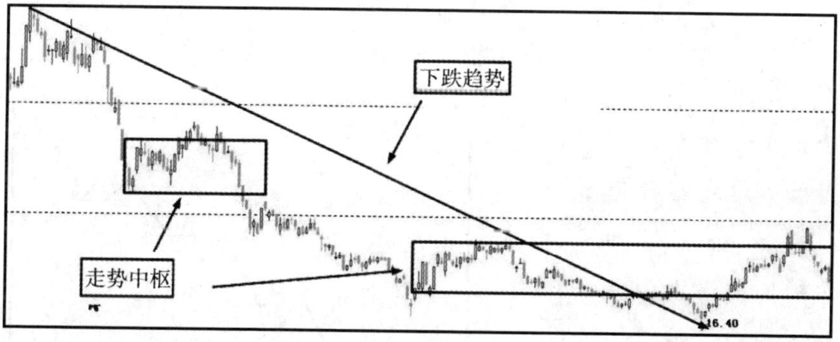

图 1–5–10

2. 走势类型与走势中枢的关系

1）走势终完美

“走势终完美”的理念是始终贯穿于缠论的。如同分型、笔、线段产生后最终要终结一样，缠论认为任何走势中枢最终也要终结，任何走势类型产生后终究要终结。

“走势终完美”这句话有两个不可分割的方面：任何走势，无论是趋势还

“走势终完美”这句话有两个不可分割的方面：任何走势，无论是趋势还是盘整，在图形上最终都要完成。另一方面，一旦某种类型的走势完成以后，就会转化为其他类型的走势。（教你炒股票17）

在趋势里，同级别的前后缠中说禅走势中枢是不能有任何重叠的，这包括任何围绕走势中枢产生的任何瞬间波动之间的重叠。因此，如果三个连续次级别走势类型的重叠区间虽然不和前面的走势中枢有任何重叠，但围绕该中枢产生的波动触及前面走势中枢延伸时的某个瞬间波动区

是盘整，在图形上最终都要完成。另一方面，某种类型的走势完成以后，就会转化为其他类型的走势。

缠中说禅技术分析基本原理一：任何级别的任何走势类型终要完成。

根据上述原理，无论上涨、下跌还是盘整，所有的走势类型一经产生，随时终结都是完美的，但也可以暂时不终结，使该走势类型继续延伸下去。对于趋势来说，形成两个依次同向的缠中说禅走势中枢后，任何趋势都可以随时结束而完美，但也可以不断地延伸下去，形成更多的中枢。

如图 1-5-11 所示，走势中枢 A 和 B 产生后，上涨走势随时结束都完美，但也可以继续产生同向中枢 C 和 D。

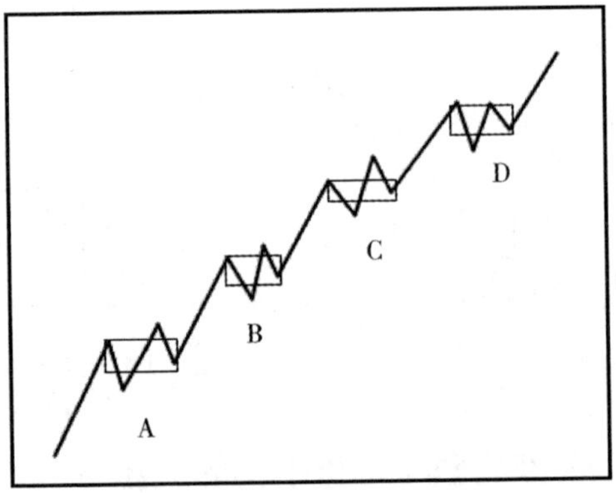

图 1-5-11

对于盘整来说，三个重叠的连续次级别走势类型后，盘整就可以随时完成。也就是说，只要走出三个重叠的连续次级别走势类型，盘整随时结束都是完美的，但也可以暂不结束，可以不断

围绕走势中枢上上下下地延伸下去。

如图 1–5–12 所示，走势中枢 A 产生后，盘整随时结束都是完美的，但也可以不结束，可以不断地延伸下去，不断围绕走势中枢上上下下地延伸下去。

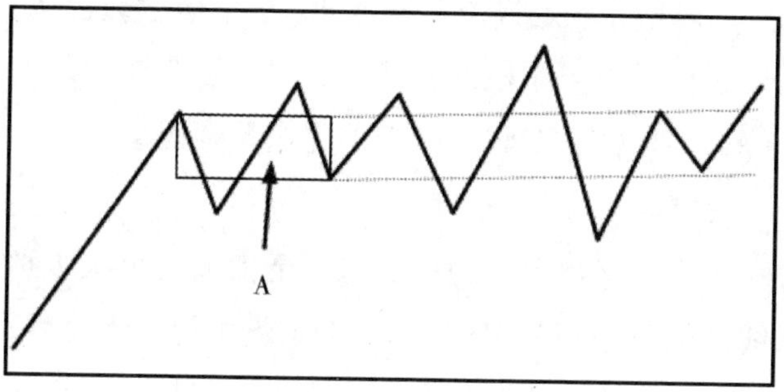

图 1–5–12

为什么本该完结的走势类型会继续下去？按照缠中说禅的说法，是“走势类型延伸”造成的。这样就有一个必须要搞清楚的问题，“走势类型延伸”的实质是什么？

2）走势类型的延伸

对于趋势来说，走势类型延伸就是同级别的同向走势中枢不断产生（参考图 1–5–11）。对于盘整来说，走势类型延伸就是不能产生新的走势中枢（参考图 1–5–12）。

趋势中若不能产生新的同级别走势中枢，该趋势就完结；盘整中若产生新的同级别走势中枢，该盘整就完结。

正由于走势类型可以延伸，上涨之后可以继续上涨，所以有些大牛股可以涨了又涨，让最初

间，这时候，就不能认为该走势类型是趋势，而只是产生一个更大级别的缠中说禅走势中枢。（教你炒股票 18）

走势：打开走势图看到的就是走势。走势分不同级别。

走势类型：上涨、下跌、盘整。

趋势：上涨、下跌。（教你炒股票 18）

缠中说禅技术分析基本原理一：任何级别的任何走势类型终要完成。

缠中说禅技术分析基本原理二：任何级别任何完成的走势类型，必然包含一个以上的缠中说禅走势中枢。

缠中说禅走势分解定理一：任何级别的任何走势，都可以分解成同级别“盘整”“下跌”与“上涨”三种走势类型的连接。

缠中说禅走势分解定理二：任何级别的任何走势类型，都至少由三段以上次级别走势类型构成。（教你炒股票18）

如何判断“走势类型延伸”是否结束？这里，必须首先搞清楚，“走势类型延伸”的实质是什么？对于趋势来说，其“延伸”就在于同级别的同向“缠中说禅走势中枢”不断产生。而对于盘整来说，其“延伸”就在于不能产生新的“缠中说

逃顶的人懊悔不已；下跌之后可以继续下跌，所以有些大熊股可以跌了再跌，让最初抄底者痛不欲生。盘整可以继续盘整，所以有些要死不活的横盘股，会磨得持股者毫无脾气。

3）走势中枢的延伸

理解了“走势类型的延伸”这个概念的含义，接着再讲走势中枢的延伸。这里必须要注意，走势类型延伸和走势中枢延伸完全是两码事，二者不可混淆。

由定义可以知道：走势中枢由前三个次级别线段的重叠部分组成。当一个走势中枢产生之后，若以一个次级别的线段离开中枢，然后以一个次级别的线段返回中枢，其过程就是走势中枢的延伸，又称走势中枢震荡，其表现形式为盘整。

如图1–5–13所示，图中A、B、C、D都是走势中枢的延伸，一个次级别的线段离开中枢，然后立即以一个次级别的线段返回。

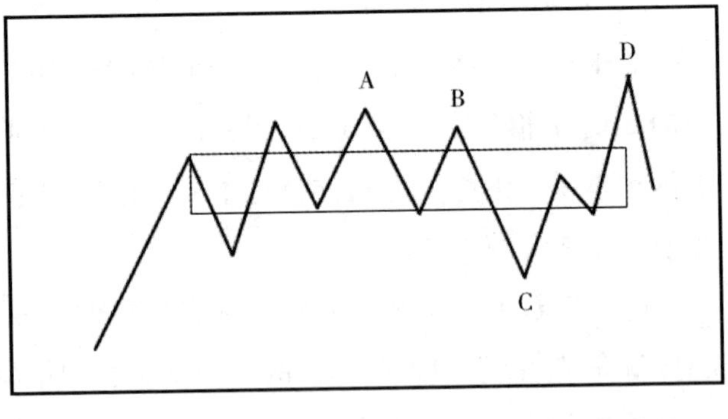

图1–5–13

走势中枢的延伸实际上等同于盘整，即不能产生出新的同级别走势中枢。一旦盘整结束，走

势中枢的延伸也同时结束。

走势中枢的延伸也称中枢震荡，但围绕中枢若再震荡出 6 段（含中枢本身 3 段共为 9 段），则形成更大级别的中枢。如围绕 5 分钟中枢再震荡出 6 段，则形成 30 分钟中枢。

中枢震荡的股票是短线操作的天堂，操作得好，产生的利润不一定比相应级别单边上涨的股票产生的少。关于中枢震荡的操作方法，后面的章节会加以介绍。

4）走势中枢的新生

当一个走势中枢产生之后，以一个次级别的线段离开中枢，跟着的一个次级别的线段若不返回到中枢区间，就是走势中枢的新生，其表现为趋势。

如图 1-5-14 所示，中枢 1 产生后，A 离开中枢，B 不返回到中枢 1，随后形成中枢 2。这就是走势中枢的新生，又称走势中枢的上移，在图中表现为上涨。

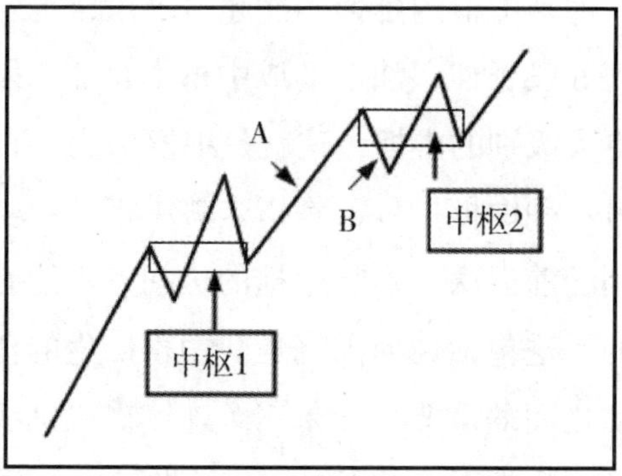

图 1-5-14

禅走势中枢”。由于“走势类型延伸”意味着当下的“走势类型”随时可以完成，因此相应的“类型”必然是确定的，因此“走势类型延伸”是否结束的判断关键就在于是否产生新的“缠中说禅走势中枢”。此外，由于趋势至少包含两个“缠中说禅走势中枢”，而盘整只有一个，因此趋势与盘整的判断关键也就在于是否产生新的“缠中说禅走势中枢”。由此可见，“缠中说禅走势中枢”的问题是技术分析中的核心问题，该问题一旦解决，很多判断上的大难题也将迎刃而解。（教你炒股票 18）

在趋势里，同级别的前后缠中说禅走势中枢是不能有任何重叠的，这包括任何围绕走势中枢产生的任何瞬间波动之间的重叠。因此，如果三个连续次级别走势类型的重叠区间虽然不和前面的走势中枢有任何重叠，但围绕该中枢产生的波动触及前面走势中枢延伸时的某个瞬间波动区间，这时候，就不能认为该走势类型是趋势，而只是产生一个更大级别的缠中说禅走势中枢。这里，必须把两种情况严格区分。一、走势中枢及其延伸。这种情况下，所有围绕走势中枢产生的前后两个次级波动都必须至少有一个触及走势中枢的区间。

如图 1–5–15 所示，中枢 1 产生后，A 离开中枢，B 不返回到中枢 1，随后形成中枢 2。这就是走势中枢的新生，又称走势中枢的下移，在图中表现为下跌。

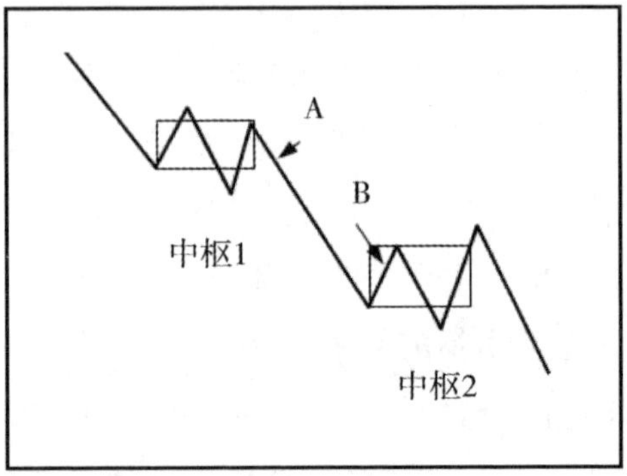

图 1–5–15

任何上涨或下跌，都是由走势中枢的新生导致的。换言之，没有走势中枢的新生，就没有走势中的上涨和下跌。

5）走势中枢的扩展

走势中枢的扩展有两种形式。

一种是中枢的延伸不能超过 5 段，也就是一旦出现 6 段延伸，加上形成中枢本身那 3 段，就构成更大级别的中枢，这就是中枢扩展了。

另一种中枢扩展，是指走势中枢的新生里，同级别的前后两个走势中枢的区间是不能有任何重叠的，这包括任何围绕走势中枢产生的任何瞬间波动之间的重叠。如果三个连续次级别线段的重叠区间虽然不和前面的走势中枢有任何重叠，但围绕该走势中枢产生的波动触及前面走势中枢延伸时的某个瞬间波动区间，这个时候，就不能认为该走势是走势中枢的新生，而只是走势中枢的扩展。即产生一个更大级别的走势中枢，也就是形成高级别的走势中枢。

如图 1–5–16 所示，围绕中枢 2 的波动中，A 触及中枢 1 的波动范围，就形成走势中枢的扩展，产生高级别的走势中枢。

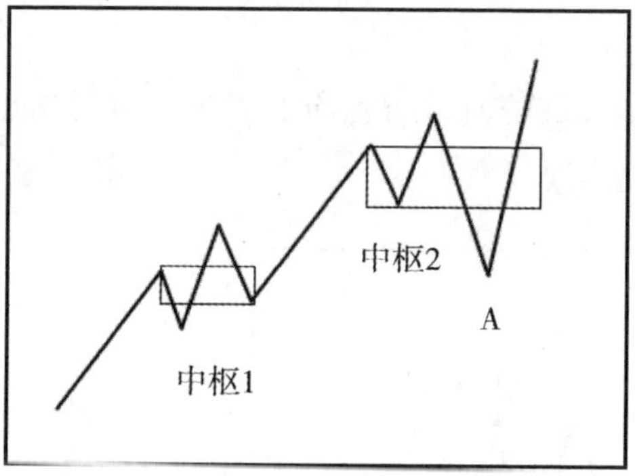

图 1–5–16

如图 1–5–17 所示，围绕中枢 2 的波动中，B 触及中枢 1 的波动范围，就形成走势中枢的扩展，产生高级别的走势中枢。

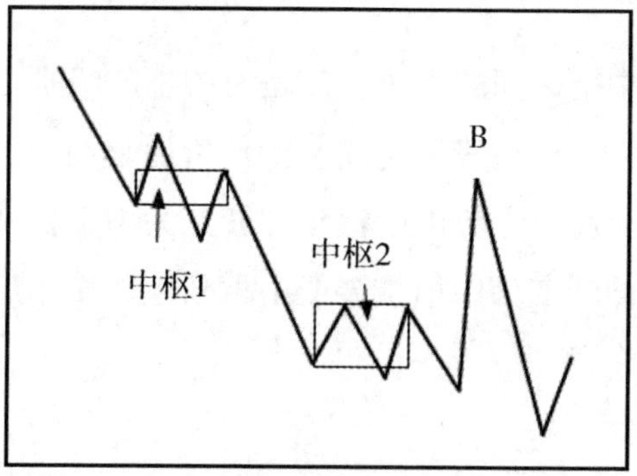

图 1–5–17

否则，就必然产生一个新的三次连续次级走势类型的重叠部分离开原来的走势中枢，这与走势中枢的延续矛盾。二、一个走势中枢完成前，其波动触及上一个走势中枢或延伸时的某个瞬间波动区间，由此产生更大级别的走势中枢。（教你炒股票 20）

缠中说禅走势中枢中心定理二：前后同级别的两个缠中说禅走势中枢，后 GG ＜前 DD 等价于下跌及其延续；后 DD> 前 GG 等价于上涨及其延续。后 ZG< 前 ZD 且后 GG ≥前 DD，或后 ZD> 前 ZG 且后 DD ≤前 GG，则等价于形成高级别的走势中枢。（教你炒股票 20）

明白了走势中枢的延伸、走势中枢的新生、走势中枢的扩展，就可根据不同的情况来确定操作策略。

3. 中枢不同情况的操作策略

1）中枢延伸的操作策略

在中枢延伸的过程中，既然走势是围绕走势中枢不停地上下震荡，向上离开中枢后要向下返回中枢，向下离开中枢后要向上返回中枢，那么很明显，走势向下离开中枢的低点就是买点，向上离开中枢的高点就是卖点。这样来回操作，可以利用中枢震荡赚足价差。

如图 1–5–18 所示，走势围绕中枢震荡时，所有向上离开中枢的高点都是卖点，所有向下离开中枢的低点都是买点。

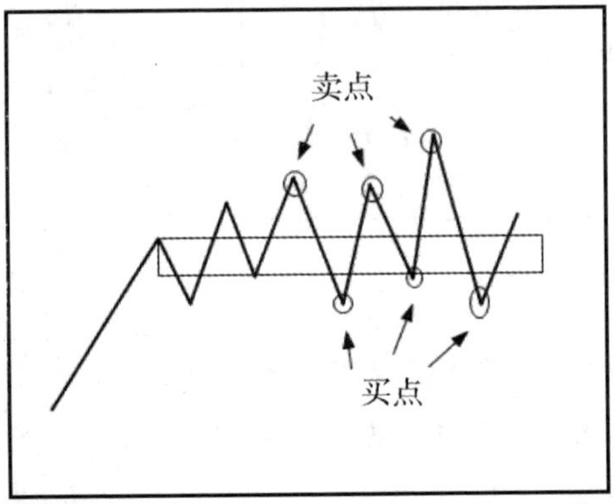

图 1–5–18

中枢震荡的操作价值，一是看中枢区间的大小，二是看中枢的级别。一般来说，中枢区间越大，操作价值越大；中枢级别越高，操作价值越高。

利用中枢震荡短线操作时，还应注意走势由中枢延伸转变为中枢扩展或中枢新生的风险。如果走势由中枢延伸转变为中枢扩展或中枢新生，卖出后应注意及时回补，买入后应注意及时清仓。

2）中枢新生的操作策略

中枢新生意味着趋势继续，当中枢不断地向上新生（即上涨）时，操作策略就是继续持股；当中枢不断地向下新生（即下跌）时，操作策略就是继续持币。

如图 1–5–19 所示，中枢不断向上新生，操作策略就是持股。

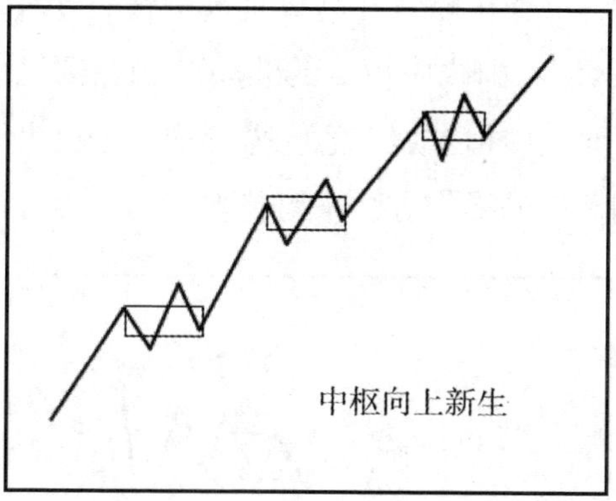

图 1–5–19

如图 1–5–20 所示，中枢不断向下新生，操作策略就是持币。

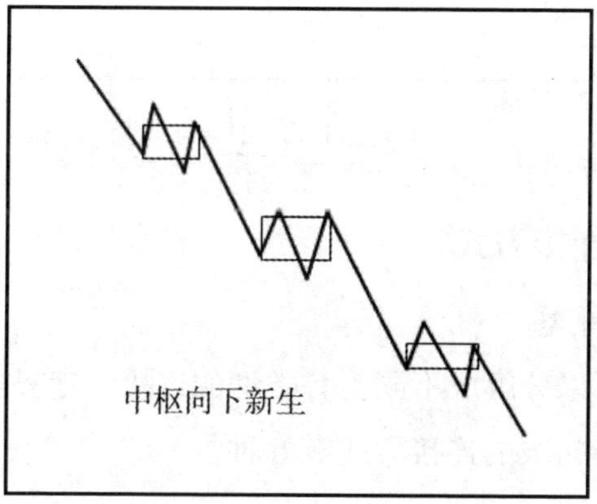

图 1–5–20

中枢新生一般不具备操作价值。上涨中的中枢新生只要继续持股即可，下跌中的中枢新生只要继续持币即可。

3）中枢扩展的操作策略

中枢扩展意味着生成高级别的走势中枢。在中枢新生过程中，前后中枢的区间不但不允许重叠，而且围绕前后中枢的任何瞬间波动之间也不允许发生任何重叠。当围绕前后中枢区间的任何瞬间波动发生重叠现象，则不是中枢新生，而是中枢扩展，中枢扩展意味着正在生成高级别的走势中枢。中枢扩展可以看作是高一级别的盘整，操作策略宜在高级别按盘整的方法来操作。

如图 1-5-21 所示，当围绕中枢 2 的波动 B 触及围绕中枢 1 的波动 A，则不能视为中枢新生，而是中枢扩展，意味着形成一个更大级别的走势中枢。这种情况应当按高级别盘整的操作方法来对待。

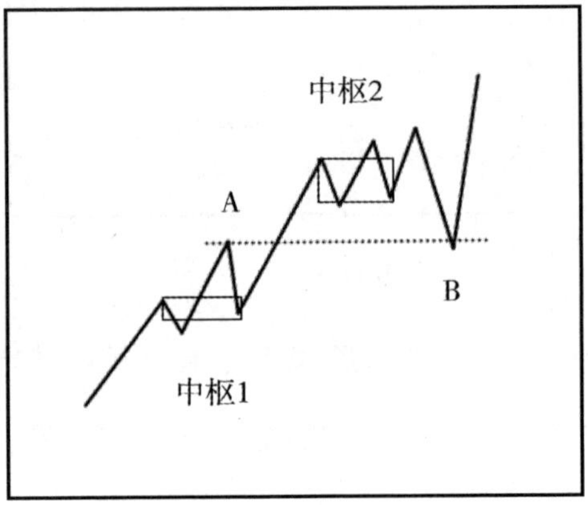

图 1-5-21

4. 走势类型的连接方式

1）走势类型的种类

所有的走势都可以分解成不同走势类型的连接。走势类型只包括 3 种：上涨、下跌和盘整。最初级的连接方式有 6 种。

（1）上涨 + 下跌。

（2）上涨 + 盘整。

（3）盘整 + 上涨。

（4）盘整 + 下跌。

（5）下跌 + 上涨。

（6）下跌 + 盘整。

走势类型的连接方式中，不允许有上涨 + 上涨、下跌 + 下跌。上涨 + 上涨实际就是上涨的走势类型在延伸，可以归纳为上涨。下跌 + 下跌实际就是下跌的走势类型在延伸，可以归纳为下跌。但缠中说禅认为走势中允许盘整 + 盘整存在。比如说，一个低级别走势中的盘整，若能分解成盘整 + 盘整 + 盘整这样三个走势类型的连接，就一定形成了高级别的中枢。

站在高级别的立场上看，上涨 + 下跌、下跌 + 上涨这两种连接方式，实际上就是高级别的一个盘整。

2）常见的三大走势类型连接方式

（1）陷阱式连接：上涨 + 下跌，下跌 + 上涨。

图 1-5-22 走势为陷阱式连接。

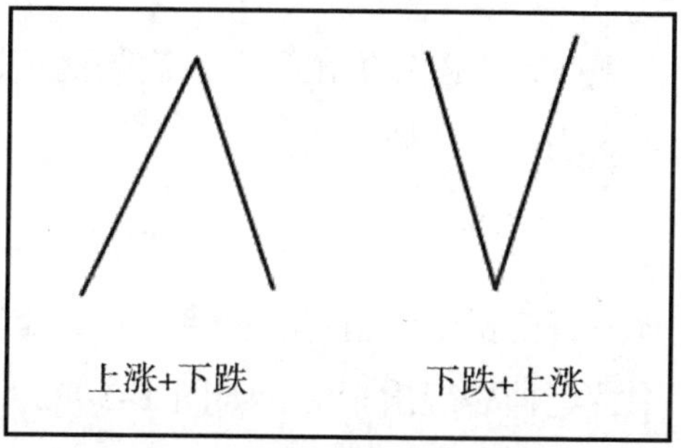

图 1-5-22

（2）反转式连接：上涨 + 盘整 + 下跌，下跌 + 盘整 + 上涨。

图 1-5-23 走势为反转式连接。

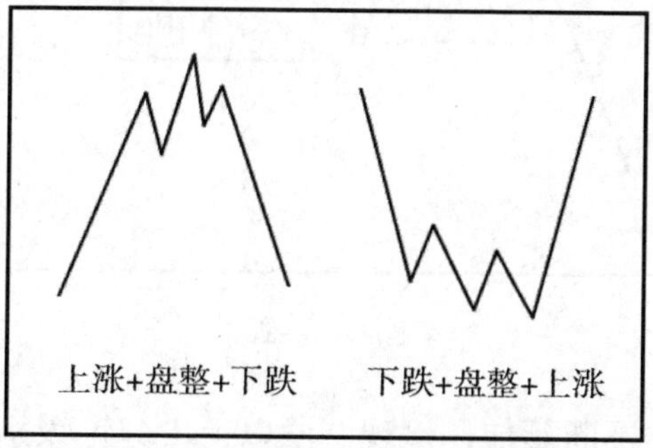

图 1-5-23

（3）中继式连接：上涨 + 盘整 + 上涨，下跌 + 盘整 + 下跌。

图 1–5–24 走势为中继式连接。

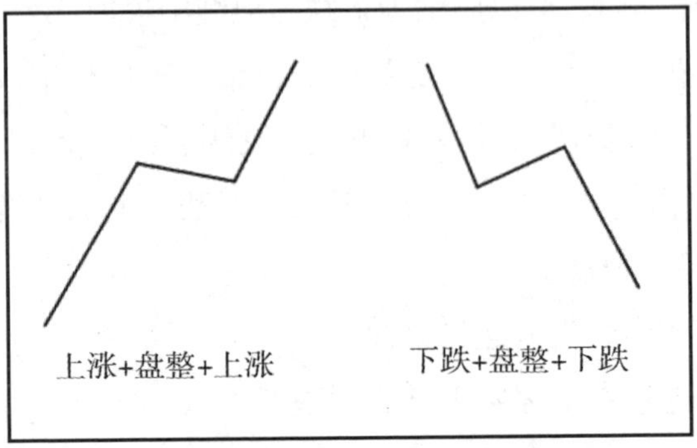

图 1–5–24

根据走势类型连接规律，可以发展出一种最高效的买入方法，具体分析详见第三章“二、高效买入法”，此处从略。

5. 走势的分解

市场总有复杂的地方，使得走势呈现一种多义性，走势的多义性表现在多方面。一种多义性是中枢延伸表现出来的，如图 1–5–25 所示。

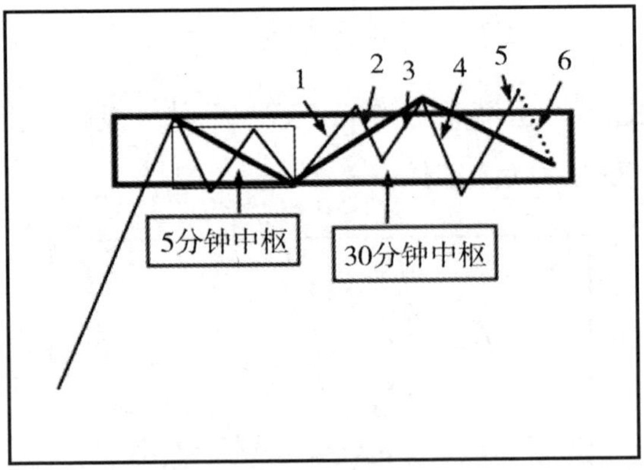

图 1–5–25

5 分钟级别中枢不断延伸，出现 9 段以上 1 分钟级别走势，站在 30 分钟级别中枢的角度，3 个 5 分钟级别的走势重合就形成了。9 段以上 1 分钟级别走势，每 3 段可以构成一个 5 分钟中枢，而这又可以解释为一个 30 分钟的中枢。这种情况下，只要对中枢延伸的数量加以限制，就可以消除多义性。一般来说，中枢的延伸不能超过 5 段，也就是一旦出现虚线处的第 6 段延伸，加上形成中枢本身那 3 段，就构成更大级别的中枢了。

另一种多义性，则是因为时间周期模本上的简略造成的。不同级别的图表，是对走势不同精度的一种模本。高级别的走势细节，肯定不如低级别走势细节精确，因而不同时间周期的走势图表，具有不同的走势意义。

还有一种实质意义的多义性，就是对走势分析存在多种合理释义。这些释义都符合理论的内在逻辑，是同一理论不同视角下对同一个现象进行分析的结果。在这种视角下，走势类型的连接可以依据结合律进行不同组合。任何走势，能根据市场当下走势的随时变化，运用结合律找出其中最佳的那一种组合，以对实际操作提供有力帮助。

同一走势为什么可以产生不同的释义？这主要缘于不同的走势分解方法。

走势分解是将连续而杂乱的走势按一定的标准分解成一段段有内在规律、能让操作者熟知和理解的走势连接，由此帮助操作者找出买卖节点。

走势分解、组合的难点在于走势有级别，而高级别的走势是由低级别构成的。处理走势有两种最基本的方法：一种是纯粹按走势类型来，一种是纯粹按中枢来。纯粹按走势类型来的，缠论中称为同级别分解；纯粹按中枢来的，缠论中称为非同级别分解。

同级别分解，指在某一固定的时间周期级别内，将走势按“走势类型”分解成同级别“盘整”“下跌”与“上涨”三种走势类型的连接。实际为上涨走势类型和下跌走势类型的连接。

将已经完成的走势，用同级别分解固定下来，其作用是保持分解的唯一性，以便指导本级别的操作。

同级别分解是最简单的分解方法，在同级别分解方式下，对应的转折类型为同级别趋势 + 同级别反趋势的走势连接组合。简言之，在同级别分解下，

走势就是上涨 + 下跌或下跌 + 上涨的连接。

在同级别分解方式下，不需要中枢延伸或者中枢扩展的概念。对于一个30分钟的走势类型来说，只要5分钟级别的三段上–下–上或下–上–下类型有价格重合的区间，就构成中枢。如果5分钟的走势类型延伸出6段，那么就当成两个30分钟类型的连接。允许盘整 + 盘整 + 盘整，不过这里的盘整级别是相同的。

同级别分解对于机械操作十分有利。对于小级别来说，无所谓牛市熊市，如果分解的级别是30分钟，那么只要30分钟级别是上涨就是牛市，否则就是熊市，一切按30分钟来操作就好了。

在同级别分解下，如果投资者在一个小级别的买点进入，结果出现大级别的上涨，这时候投资者有两个选择：

（1）继续按小级别操作。这样的代价是相当累，而且小级别操作对精确度要求比大级别高。

（2）升级为大级别操作的基础上，部分保持小级别操作，即大小级别结合运用。

懂得了同级别分解，再结合中枢理论，按走势中枢来对走势重新划分，这便是建立在同级别分解基础上的非同级别分解。非同级别分解是利用递归原理来观察一个走势生长过程的方法。学会非同级别分解，就学会了如何观察一个走势的花开花落、由生到死的整个生长和死亡过程，能明确当下走势正处于生命的哪个阶段，从而正确指导操作。

某一操作级别内，将走势按走势中枢进行分解，以考察走势中的各种不同级别的中枢，利用走势的结合律，反复搭配走势，从而用不同级别的中枢多角度考察当下走势，这便是非同级别分解。在非同级别分解方式下，走势不具有唯一性，而是呈现出多义性。

在非同级别分解方式下，对应的转折类型为趋势与盘整的组合转折连接。

在非同级别分解方式下的走势是不允许盘整 + 盘整的。

在非同级别分解方式下，对于趋势与盘整连接的走势组合，盘整的级别与趋势的级别是不同的，盘整的级别一定大于趋势的级别。

非同级别分解的主要作用在于寻找第三类买卖点以及为当下的走势寻找最合理的搭配，但更有效的是在不同级别中组合运用。因此，在完全合理、不违反任何理论原则的基础上，可以制定出这样的同级别分解规则："在某级别中，不定义中枢延伸，允许该级别上的盘整＋盘整连接；与此同时，规定该级别以下的所有级别，都允许中枢延伸，不允许盘整＋盘整连接；至于该级别以上级别，根本不考虑，因为所有走势都按该级别给分解了。"

显然，一个高级别的走势类型必然就是由几个低级别的走势类型连接而成，但不一定都是次级别的走势类型，例如 a+B+b，B 是 30 分钟中枢，由 3 个 5 分钟走势类型构成，a、b 是 1 分钟走势类型，那么 a+B+b 这个 30 分钟走势类型就能分解成 2 个 1 分钟走势类型和 3 个 5 分钟走势类型的连接。

还可以通过拆散重分，使得一个高级别的走势类型必然由几个次级别的走势类型连接而成。由于中枢里至少有三段次级别走势类型，所以就有了 "缠中说禅走势分解定理二"：任何级别的任何走势类型，都至少由三段以上次级别走势类型构成。

如图 1-5-26 所示，上面 a+B+b 的例子，不妨假设 B 中有三段 5 分钟走势类型，分别表示为 B_1、B_2、B_3，那么，$a+B+b=a+B_1+B_2+B_3+b=(a+B_1)+B_2+(B_3+b)$，显然（$a+B_1$）、$B_2$、（$B_3+b$）都是 5 分钟走势类型。

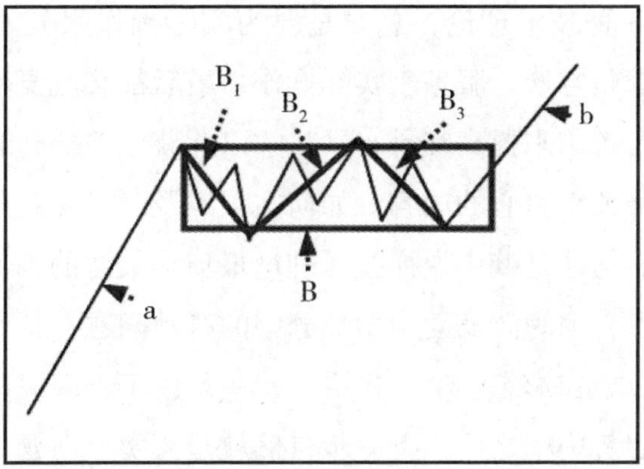

图 1-5-26

学过一点抽象代数的都容易理解上面的话，用抽象的话说，就是走势类型连接这种运算是符合结合律的。但走势类型的连接运算不符合交换率，这就是该运算的特别之处。只要明白了走势类型连接运算的结合性，那么就不难同时明白“缠中说禅走势分解定理一”：任何级别的任何走势，都可以分解成同级别“盘整”“下跌”与“上涨”三种走势类型的连接。

6. 走势分解的意义

对正在进行的走势类型，在同级别分解的基础上，可以用非同级别分解来反复考察走势，然后运用结合律，以寻找最适合当下的搭配方式。如果能够找到一种给出明确操作指导的分解，那就是好的分解。

走势分解的基本原则是最简原则。在分解中，能因势利导，从N多的变量里，选择出对于投资者最熟悉、最简洁的组合。这不仅与投资者个人的操盘经验、个性、操作级别、资金管理模式有关，还与走势当下的市场背景、政策导向和其他因素有关。总之，熟练的走势分解需要长期的训练和经验积累。

六、买卖点

缠论的核心是什么？对此一直众说纷纭。有的说是“走势终完美”，有的说是级别，有的说是走势中枢，有的说是背驰，有的说是完全分类。可谓见仁见智，各有各理。

笔者以为，一种技术理论，总归是要为实际操作服务的。若不能用于实际操作，则一切都是空谈。服务于实际操作，最后都必然要落实到买卖点上。对于希望通过学习缠论来提高交易水平，并以此获取差价利润的投资者来说，只有买卖点才是最值得关心的内容。如何在买点及时买入获利，如何在卖点及时卖出规避风险，这才是缠中说禅技术理论最值得关注的价值核心。

缠论的买卖点，因为涉及动力学部分中的背驰问题，其实亦可归于动力学部分。本书之所以放在形态学部分来讲解，一是由于缠中说禅的买卖点依附于中枢而生，讲完走势中枢之后，下一步自然就是买卖点问题；二是买卖点与走势中枢的区间位置也有某些特殊关系，因此存在形态学基础。

1. 三类买卖点

缠中说禅认为，市场必然产生盈利的买卖点只有三类买卖点，即第一类买卖点、第二类买卖点、第三类买卖点。缠中说禅认为，除此之外，再没有其他值得关注的买卖点。所有不在这三类买卖点处进行买卖的行为，都是不明智的（走势中枢震荡的短差操作不在此列）。

1）第一类买卖点

根据“走势终完美”的观点，任何一种走势类型完成后，必然要转化成其他走势类型。那么一个下跌走势类型完成后，必然要转化成上涨或盘整的走势类型。如果能抓住下跌转折时的关键节点，就能找到一个最有利的买入位置，这个买入位置就是第一类买点。

一个上涨走势类型完成后，必然要转化成下跌或盘整的走势类型。如果能抓住上涨转折时的关键节点，就能找到一个最有利的卖出位置，这个卖出位置就是第一类卖点。

用什么手段来抓住下跌或上涨中这样一个转折的关键节点呢？缠论的方法是引入动力学中的背驰概念，利用走势中的背驰来确定第一类买卖点。

第一类买点定义：某级别下跌趋势中，一个次级别走势类型向下跌破最后一个走势中枢后形成的背驰点。

第一类卖点定义：某级别上涨趋势中，一个次级别走势类型向上升破最后一个走势中枢后形

缠中说禅趋势转折定律：任何级别的上涨转折都是由某级别的第一类卖点构成的；任何级别的下跌转折都是由某级别的第一类买点构成的。（教你炒股票17）

由定理一，可以得到第三类买卖点定理：一个次级别走势类型向上离开缠中说禅走势中枢，然后以一个次级别走势类型回试，其低点不跌破ZG，则构成第三类买点；一个次级别走势类型向下离开缠中说禅走势中枢，然后以一个次级别走势类型回抽，其高点不升破ZD，则构成第三类卖点。第三类买卖点后，并不必然是趋势，也有进入更大级别盘整

的可能。这种买卖之所以必然盈利，就是因为即使是盘整，也会有高点出现。操作策略很简单，一旦不能出现趋势，一定要在盘整的高点出掉，这和第一类、第二类买点的策略是一样的。（教你炒股票20）

因此，所有买卖点都必然对应着与该级别最靠近的一个中枢的关系。对于买点来说，该中枢下产生的，必然对应着转折，中枢上产生的，必然对应着延续。而中枢有三种情况：延伸、扩张与新生。如果是中枢延伸，那么在中枢上是不可能有买点的，因为中枢延伸必然要求所有中枢上的走势都必然转折向下，

成的背驰点。

要全面理解三类买卖点，建议先参阅本书缠论动力学中的背驰部分。了解了背驰，才能更好地理解此处所讲的各类买卖点。

根据缠论的定义，任何下跌转折都是由某级别的第一类买点构成。任何上涨转折都是由某级别的第一类卖点构成。而第一类买卖点就是走势中的背驰点。

第一类买点都是出现在下跌趋势最后一个走势中枢的下方，由底背驰构成。第一类卖点都发生在上涨趋势最后一个走势中枢的上面，由顶背驰构成。

如图 1-6-1 所示，下跌趋势中的背驰点，即缠论中的第一类买点。A、B 为走势中枢。

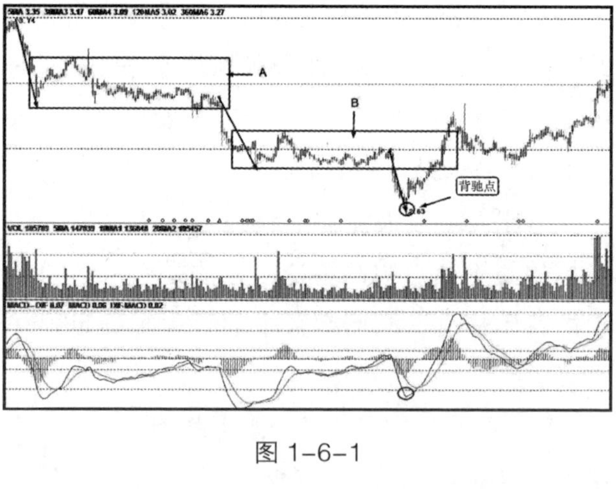

图 1-6-1

如图 1-6-2 所示，上涨趋势中的背驰点，即缠论中的第一类卖点。

第一类买卖点都是由背驰构成。第一类买卖

点是缠论买卖点的基础，其他两类买卖点都是由第一类买卖点派生出来的。总之，缠论中的所有买卖点都跟背驰密切相关。

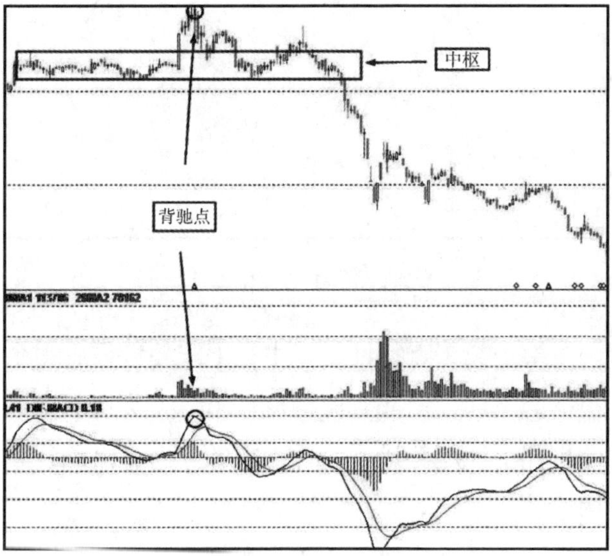

图 1-6-2

没有趋势，没有背驰。所有背驰都与趋势有关，因此产生第一类买卖点，必然都在一个大的趋势中。趋势要求有两个以上同向的走势中枢，因此，所有的第一类买点，都应当至少是发生在第二个中枢之下；所有的第一类卖点，都应当至少是发生在第二个中枢之上。

如图 1-6-3 所示，下跌趋势中，底背驰产生第一类买点；上涨趋势中，顶背驰产生第一类卖点。第一类买卖点都应当至少是发生在第二个中枢之上或之下。

在这时候，只可能有卖点。而中枢扩张或新生，在中枢之上都会存在买点，这类买点就是第三类买点。也就是说，第三类买点是中枢扩张或新生产生的。中枢扩张导致一个更大级别的中枢，而中枢新生就形成一个上涨的趋势，这就是第三类买点后必然出现的两种情况。对于更大级别中枢的情况，肯定没有马上出现一个上涨趋势的情况诱人，所以对于实际操作，如何尽量避免第一种情况就是一个最大的问题。但无论是哪种情况，只要符合第三类买点的条件，其后都必然会盈利，这才是问题的关键。（教你炒股票21）

对于中枢下形成的买点，如果该中枢是在上涨之中的，在中枢之下并不能必然形成买点。中枢下的买点，只可能存在于下跌与盘整的走势类型中。换言之，一个上涨趋势确定后，不可能再有第一类与第二类买点，只可能有第三类买点。而对于盘整的情况，其中枢的扩张与新生，都不能必然保证该买点出现后能产生向上的转折，因为其扩张与新生完全可以是向下发展的。而对于中枢延伸的情况，中枢形成后，随时都可以打破而结束延伸，也不必然有向上的转折，所以盘整的情况下，中枢下也不必然产生买点。

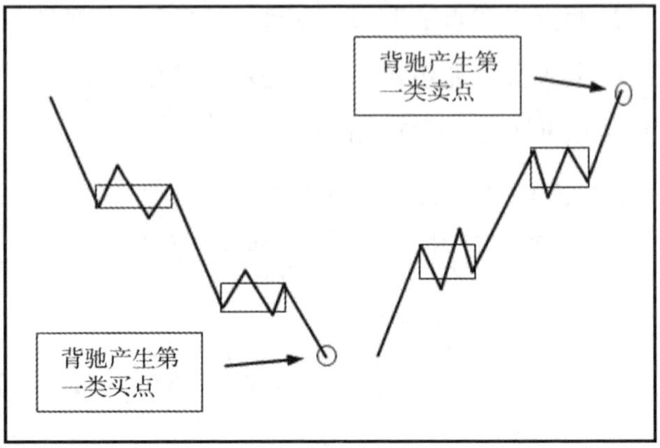

图 1-6-3

第一类买点特性：产生在下跌趋势最后一个中枢的下面，由底背驰构成。第一类卖点特性：产生在上涨趋势最后一个中枢的上面，由顶背驰构成。

图 1-6-4 为第一类买点实例。

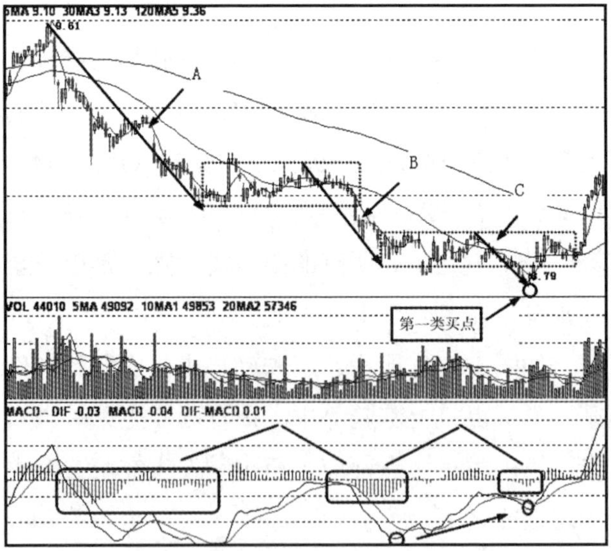

图 1-6-4

图 1-6-5 为第一类卖点实例。

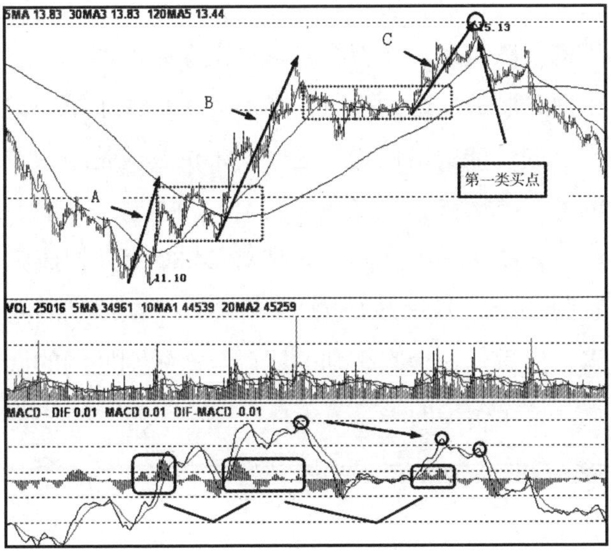

图 1-6-5

2）第二类买卖点

与第一类买卖点紧密相连的便是第二类买卖点。出现第一类买点后，必然只会出现盘整与上涨的走势类型，而第一类买点出现后的第二段次级别走势低点，就构成第二类买点。出现第一类卖点后，必然只会出现盘整与下跌的走势类型，而第一类卖点出现后的第二段次级别走势高点就构成第二类卖点。

从时间上看，第二类买卖点是发生在第一类买卖点之后的买卖点。

第一类买点出现后，随着第一次次级别的上涨结束，接着会有一次次级别的回调，这个回调制造出来的低点，是市场中仅次于第一类买点的

因此，只有在下跌确立后的中枢下方才可能出现买点，这就是第一类买点。（教你炒股票 21）

第二类买点是和第一类买点紧密相连的，因为出现第一类买点后，必然只会出现盘整与上涨的走势类型，而第一类买点出现后的第二段次级别走势低点就构成第二类买点。根据走势必完美的原则，其后必然有第三段向上的次级别走势出现，因此该买点也是绝对安全的。第二类买点，不必然出现在中枢的上或下，可以在任何位置出现。中枢下出现的，其后的力度就值得怀疑了，出现扩张性中枢的可能性极

较佳买入位置，这个买入位置就是缠论中的第二类买点。在第一类卖点出现后，随着第一次次级别的下跌结束，接着会有一次次级别的回升，这个回升制造出来的高点，是市场中仅次于第一类卖点的较佳卖出位置，这个卖出位置就是缠论中的第二类卖点。

如图 1–6–6 所示，走势在 24.80 元处构成底背驰，产生第一类买点后，开始一个次级别的上涨，然后是一个次级别的回调。次级别回调的低点，就是缠论的第二类买点。

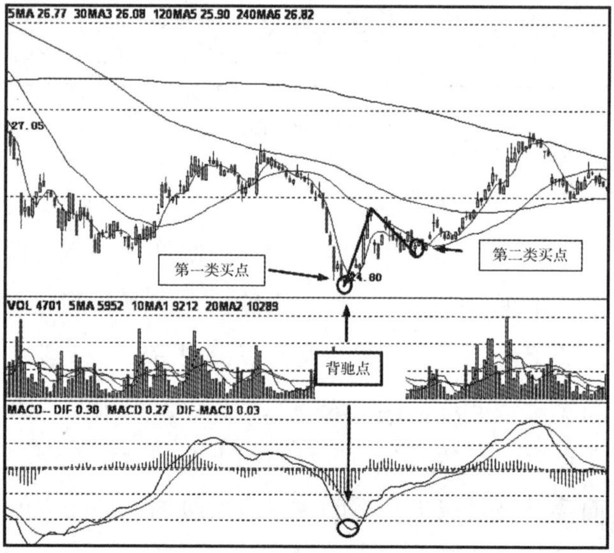

图 1–6–6

如图 1–6–7 所示，走势在 12.64 元处构成顶背驰，产生第一类卖点后，开始一个次级别的下跌，然后是一个次级别的回抽。次级别回抽的高点，就是缠论的第二类卖点。

大；在中枢中出现的，出现中枢扩张与新生的机会对半；在中枢上出现，中枢新生的机会就很大了。但无论哪种情况，盈利是必然的。（教你炒股票 21）

显然，第一类买点与第二类买点是前后出现的，不可能产生重合。而第一类与第三类买点，一个在中枢之下，一个在中枢之上，也不可能产生重合。只有第二类买点与第三类买点是可能产生重合的，这种情况就是：第一类买点出现后，一个次级别的走势凌厉地直接上破前面下跌的最后一个中枢，然后在其上产生一个次级别的回抽不触及该中枢，

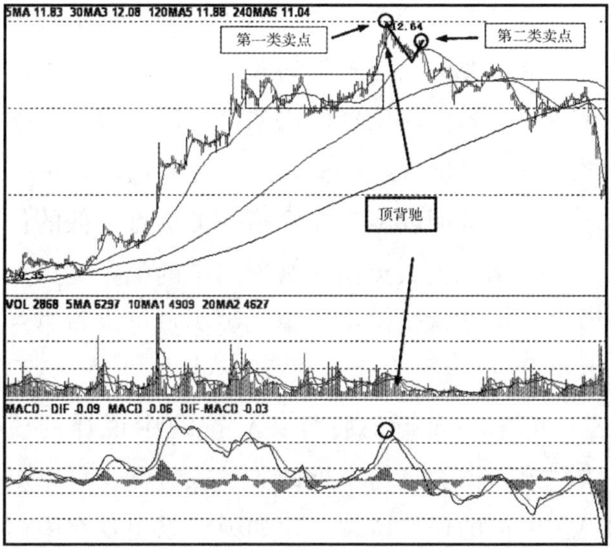

图 1-6-7

缠中说禅买卖点定律一：任何级别的第二类买卖点都由次级别相应走势的第一类买卖点构成。也就是说，本级别的第二类买卖点，其实对应着次级别的第一类买卖点。

第二类买卖点都出现在第一类买卖点之后。以第二类买点为例：一个下跌趋势中的底背驰，产生第一类买点后，会有一个次级别的上涨。次级别的上涨结束后，接着会有一个次级别的下跌。这个次级别下跌的低点，就是第二类买点。站在次级别的角度来看，这个次级别下跌的低点，一定对应次级别图中的底背驰，即次级别图中的第一类买点。换言之，本级别图中产生第一类买点后，次级别图中再产生的第一类买点，就对应着本级别图中的第二类买点。卖点的情况同样，只是由底背驰转换成顶背驰而已。

这时候，就会出现第二类买点与第三类买点重合的情况，也只有这种情况才会出现两者的重合。当然，在理论上没有任何必然的理由确定第二类、第三类买点重合后一定不会只构成一个更大级别的中枢扩张，但实际上，一旦出现这种情况，一个大级别的上涨往往就会出现。（教你炒股票21）

前面已经说过三类买卖点，一个很现实的问题，就是除了这三类买卖点之外，还有什么其他类型的买卖点？答案是否定的。这里必须强调的是，这三类买卖点，都是被理论所保证的、100%安全的买卖点。

如果对这三类买卖点的绝对安全性没有充分的理解，就绝对不可能也绝对没有对缠中说禅技术分析理论有一个充分的理解。（教你炒股票 21）

显然，第一类买点与第二类买点是前后出现的，不可能产生重合。而第一类与第三类买点，一个在中枢之下，一个在中枢之上，也不可能产生重合。只有第二类买点与第三类买点是可能产生重合的。（教你炒股票 21）

因此，三类买卖点都不能偏废，不能说哪一个更重要。站在同一级别上，三者都重要。（教你炒股票 53）

第二类买点的特性：A. 按缠中说禅的说法，第二类买点与中枢的关系很特殊，可以出现在中枢的任何位置。比如说可以出现在中枢之上，可以出现在中枢之中，可以出现在中枢之下，甚至可以出现在比第一类买点更低的位置。B. 第二类买点由次级别图中的第一类买点构成。C. 特殊情况下，第二类买点可以与第三类买点重合。

第二类卖点的特性：A. 按缠中说禅的说法，第二类卖点与中枢的关系很特殊，可以出现在中枢的任何位置。比如说可以出现在中枢之上，可以出现在中枢之中，可以出现在中枢之下，甚至可以出现在比第一类卖点更高的位置。B. 第二类卖点由次级别图中的第一类卖点构成。C. 特殊情况下，第二类卖点可以与第三类卖点重合。

3）第三类买卖点

在第一类买点出现后，一个次级别走势向上离开走势中枢，然后以一个次级别走势回试，其低点不跌回中枢区间，则构成第三类买点；一个次级别走势向下离开走势中枢，然后以一个次级别走势回抽，其高点不升入中枢区间，则构成第三类卖点。

如图 1–6–8 所示，第一类买点、第二类买点产生后，一个次级别向上离开中枢，然后一个次级别的回试不回到中枢，就构成图中的第三类买点。

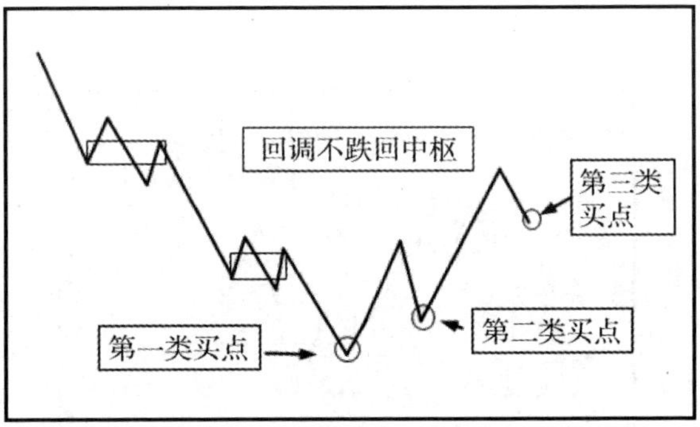

图 1-6-8

如图 1-6-9 所示，第一类卖点、第二类卖点产生后，一个次级别向下离开中枢，然后一个次级别的回抽不回到中枢，就构成图中的第三类卖点。

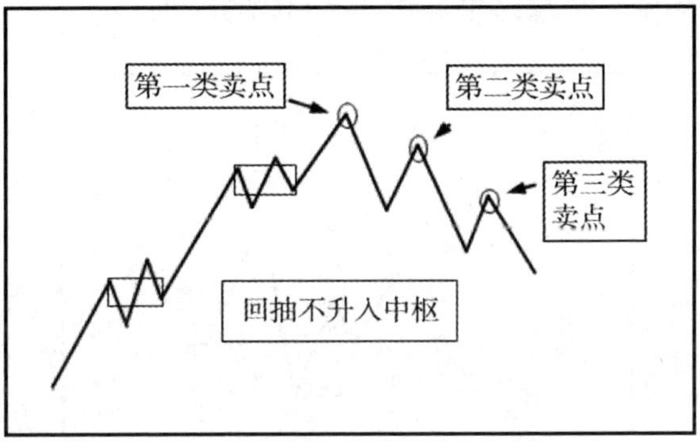

图 1-6-9

第三类买卖点是中枢扩张或新生产生的。

注意：

A. 第一类买点产生后，一个次级别走势向上离开走势中枢，然后以一个次级别走势回试，当回试的低点位于中枢区间之内或之下，就会产生第二类买点。但如果回试的低点位于中枢之上时，直接产生第三类买点，这种情况下第二类买点和第三类买点就重合了。

如图 1-6-10 所示，出现第一类买点后，次级别走势上升回试时，低点在中枢之上，这时就会直接产生第三类买点。也就是说，第二类买点和第三类买点产生重合。

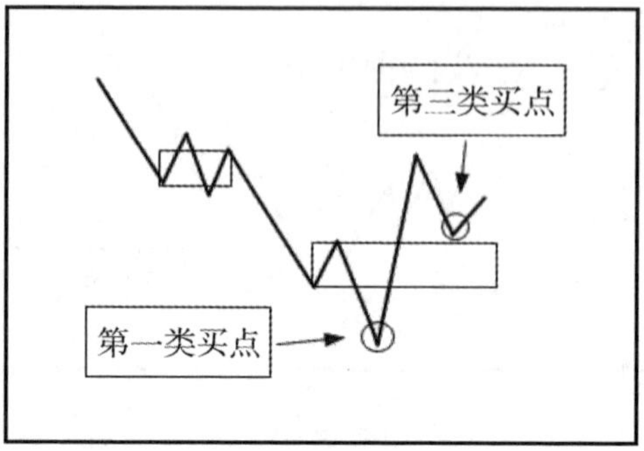

图 1-6-10

如图 1-6-11 所示，当次级别走势回试时，低点落在中枢之中或之下，则会先产生第二类买点。注意这里与图 1-6-10 的区别。

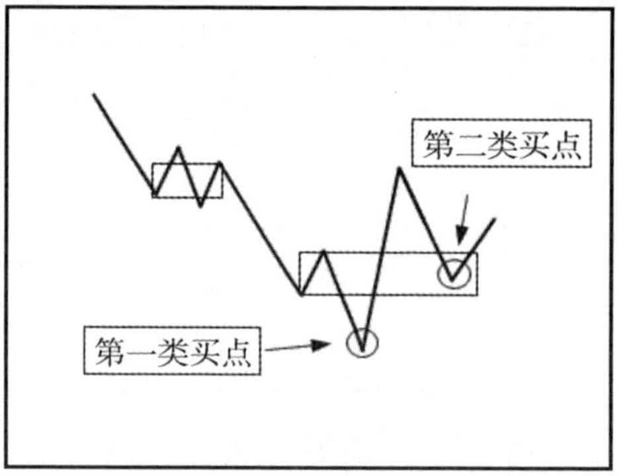

图 1-6-11

B. 第一类卖点产生后，一个次级别走势向下离开走势中枢，然后以一个次级别走势回抽。当回抽的高点处于中枢区间之内或之上，就会产生第二类卖点。如果回抽的高点位于中枢之下时，就会直接产生第三类卖点，这种情况下第二类卖点和第三类卖点就重合了。

如图 1-6-12 所示，出现第一类卖点后，次级别下跌走势回抽时，回抽的高点在中枢之下，此时就会直接产生第三类卖点。也就是说第二类卖点和第三类卖点重合。

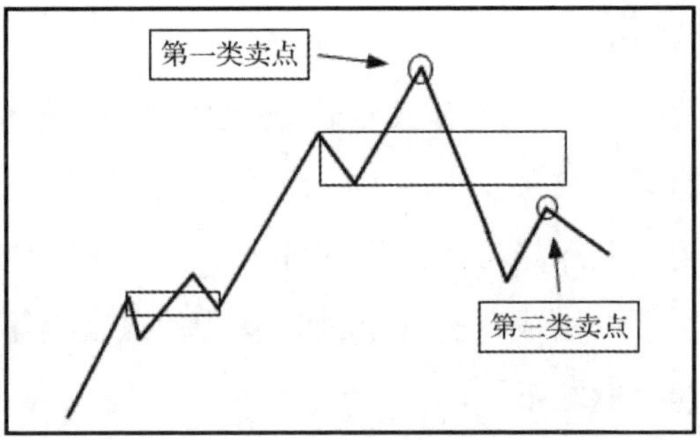

图 1-6-12

第三类买点的特性：A. 第三类买点只产生在中枢之上。B. 第三类买点有可能与第二类买点出现重合。C. 由于第三类买点不回到中枢，这样势必在中枢之上又产生新的中枢，因此第三类买点也称中枢破坏点。第三类买点导致上涨趋势。

第三类卖点的特性：A. 第三类卖点产生在中枢之下。B. 第三类卖点有可能与第二类卖点出现重合。C. 由于第三类卖点不回到中枢，这样势必在中枢之下又产生新的中枢，因此第三类卖点也称中枢破坏点。第三类卖点导致下跌趋势。

第三类买卖点必须是次级别离开，次级别反抽，而且是针对该级别中最近那个中枢。以前也曾说过，对于一些快速变动的行情，往往第三类买卖点离开中枢的距离会很远。

如图 1-6-13 所示，对于一些快速变动的行情，第三类买点离开中枢的距离会很远。

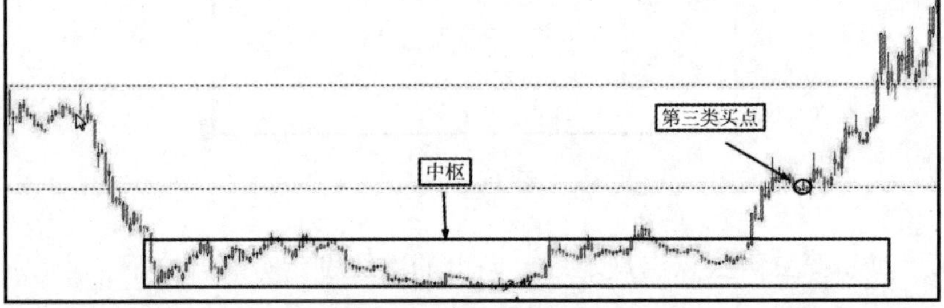

图 1-6-13

2. 三类买卖点辨析

第一类买卖点就是背驰点，第三类买卖点就是中枢破坏点。第二类买卖点就是次级别走势中的第一类买卖点。

以下跌趋势为例（上涨趋势反向理解即可），一个下跌趋势确立后，走势离开最后一个中枢的下跌构成背驰式下跌，其背驰点就是第一类买点。第一类买点必然只能出现在中枢之下。

出现第一类买点之后，由于背驰的原因，必然会产生一个次级别的向上走势。次级别的向上走势结束后，接着会有一个次级别的回调，这个回调的低点就是第二类买点。第二类买点的位置可以在中枢之上，也可以在中枢之中，也可以在中枢之下。最极端的情况下，甚至可以比第一类买点更低。由于第一类买点和第二类买点是先后出现的，因此第一类、第二类买点绝无重合的可能。但是若第二类买点产生在中枢之上时，第二类买点就会与第三类买点出现重合。

如图 1–6–14 所示，当第二类买点产生在中枢之上时，第二类买点与第三类买点出现重合。

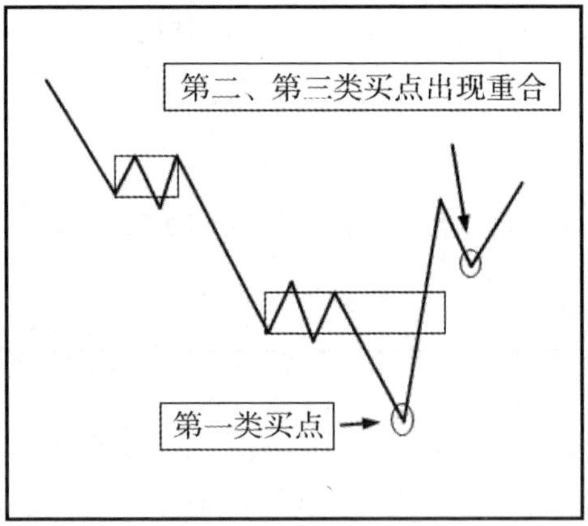

图 1–6–14

第一类、第二类买点出现之后，向上的次级别走势离开中枢，当以一个次级别回试，其低点不回到原中枢区间时，就产生第三类买点。第三类买点只能产生在原中枢之上。第一类、第三类买点绝无重合可能。但当第二类买点出现在原中枢之上时，第二类、第三类买点会产生重合现象。

至于第一类、第二类、第三类买卖点，都可以归结到第一类买卖点上，只是级别不同。

在有第一类买卖点的情况下，第一类买卖点是最佳的，第二类买卖点只是一个补充；但在小级别背驰转大级别的情况下，第二类买卖点就是最佳的，因为在这种情况下，没有该级别的第一类买卖点。

3. 中枢延伸、扩张和新生与买卖点的关系

所有买卖点都必然对应着与该级别最靠近的一个中枢的关系，而中枢有三种情况：延续、扩张与新生。

下面分别考察一下不同情况下的买卖点。

1）中枢延伸

中枢延伸表现为盘整。在盘整中，所有离开中枢的运动都必然返回中枢。因此，盘整的时候，在中枢之上是不存在买点的，只存在卖点；中枢之下是不存在卖点的，只存在买点。

中枢延伸的情况即中枢震荡，一般不会产生缠论中的三类买点。但中枢延伸可依据中枢震荡原理进行短差操作，其买点都在中枢之下，其卖点都在中枢之上。操作判断可依据盘整背驰操作方法（详见缠论动力学背驰部分）。因此，中枢延伸的情况只产生盘整买卖点。

2）中枢扩张或新生

前面说过，中枢扩张将导致一个更大级别的中枢，而中枢新生，则形成一个新的趋势，这就是第三类买卖点后必然出现的两种情况。

在中枢扩张或新生时，当中枢向上扩张或新生，则在中枢之上都会存在买点，这类买点就是第三类买点。也就是说，第三类买点是中枢向上扩张或新生产生的。当中枢向下扩张或新生，则在中枢之下都会存在卖点，这类卖点就是第三类卖点。也就是说，第三类卖点是中枢向下扩张或新生产生的。

七、均线系统

1. 均线系统基本概念

在缠中说禅技术理论中，用缠中说禅自己的话说，均线系统只是作为K线系统的一个辅助系统，但应用得好，一样可以获得稳定的收益。

均线系统是一个相对独立的系统，它由不同周期的移动平均线组成。最常用的周期均线有MA5、MA10、MA20、MA30、MA60、MA120等，代表着短期、中期和长期的不同走势。图1–7–1是K线走势图中各种不同周期的均线。

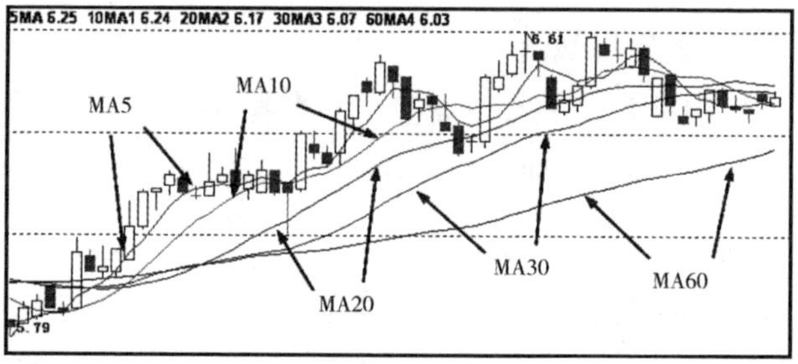

图1–7–1

均线系统，必然存在各条均线间的关系问题。任何两条均线的关系，其实就是一个“吻”的问题。按“吻”的标准，可以把相应的关系进行一个完全分类，即飞吻、唇吻和湿吻。

飞吻：短期均线略略走平后，继续按原来趋势进行下去。

如图1–7–2、图1–7–3所示，短期均线略略靠近长期均线而不接触，继续按原来趋势运行下去，就是飞吻。

注意，任何的行情转折，在很大概率上都是由湿吻引发的，这里分两种情况：一种是先湿吻，然后按原趋势来一个大的高潮，制造一个陷阱，再转折；另一种，反复湿吻，构造一个转折性箱型，其后的高潮，就是体位的转化了。在“男上位”的情况下，一旦出现湿吻，就要密切注意了。特别是这个湿吻是在一个长期“男上位”后出现的，就要更加注意了，其后的下跌往往是介入的良机，因为空头陷阱的概率简直太大了。必须提醒，这一点对趋势形成的第一次湿吻不成立。但湿吻之后必有高潮，唯一的区别只是体位的区别，关键

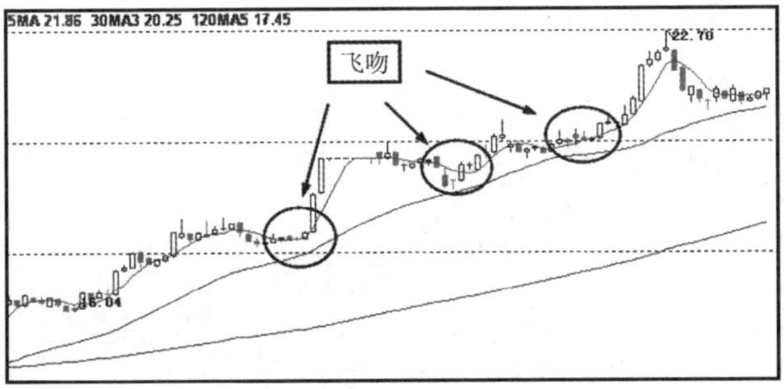

图 1-7-2

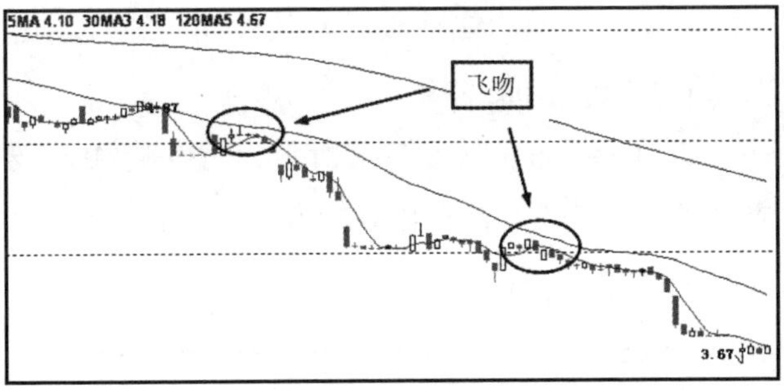

图 1-7-3

唇吻：短期均线靠近长期均线且有所接触，但不跌破或升破，然后按原来趋势继续下去。

如图 1-7-4、图 1-7-5 所示，短期均线靠近长期均线且有所接触，但不跌破或升破，然后按原来趋势运行下去，就是唇吻。

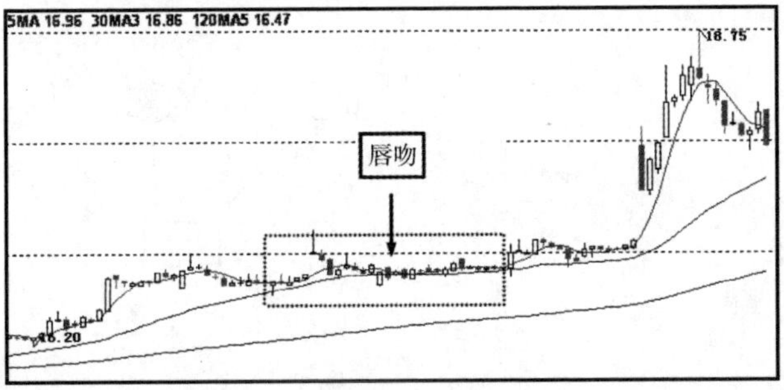

图 1-7-4

判断的是体位而不是高潮的有无。（教你炒股票 11）

均线系统显然不是一个太精确的系统，有太多的骗线。如果你按照突破某条均线就买入操作，反之卖出，那么你的成功率绝对不会高，特别当这条均线是短期的。真正有用的是均线系统，也就是由若干条代表短期、中期、长期走势的均线构成的技术评价系统。（教你炒股票 11）

飞吻：短期均线略略走平后继续按原来趋势进行下去。

飞吻出现的概率比较少，一般都是在趋势特别强烈的时候。而太火爆的趋势

是不可能太长久的，所以其后的震荡经常出现。（教你炒股票11）

注意，任何的行情转折，在很大概率上都是由“湿吻”引发的。这里分两种情况：一种是先“湿吻”，然后按原趋势来一个大的高潮，制造一个陷阱，再转折；另一种，反复“湿吻”，构造一个转折性箱型，其后的高潮，就是体位的转化了。（教你炒股票11）

“唇吻”：短期均线靠近长期均线但不跌破或升破，然后按原来趋势继续下去。

“湿吻”：短期均线跌破或升破长期均线甚至出现反复缠

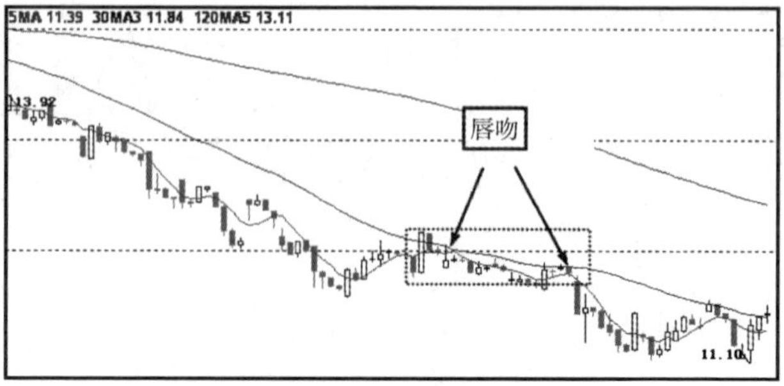

图 1-7-5

湿吻：短期均线跌破或升破长期均线甚至出现反复缠绕，如胶似漆。

如图 1-7-6、图 1-7-7 所示，短期均线跌破或升破长期均线，甚至出现反复缠绕，如胶似漆，这就是湿吻。

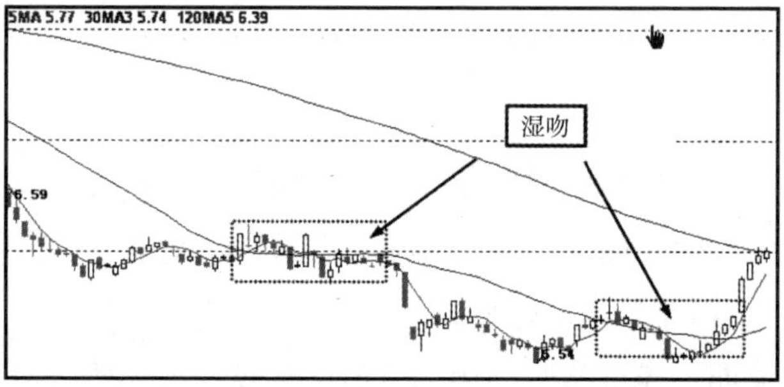

图 1-7-6

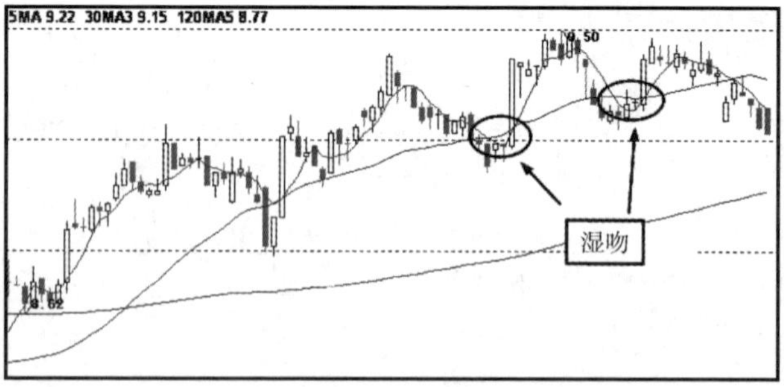

图 1-7-7

这里，首先要搞清楚“吻”是怎样产生的。如果一个走势，连短期均线都不能突破，那期间出现的高点、低点，肯定只是低级别图表上的，在本级别图表上没有意义。当走势突破短期均线却不能突破长期均线，就会形成“飞吻”；当走势突破长期均线马上形成陷阱，就会形成“唇吻”；当走势突破长期均线出现一定的反复，就会形成“湿吻”。由此可见，“吻”的分类是基于对原趋势的反抗程度。“飞吻”基本没有任何反抗力，“唇吻”的力度也一般，而“湿吻”就意味着力度有了足够的强度。因此，任何行情转折，在很大概率上都是由湿吻引发的。如果连湿吻都没有发生，对于一个上涨中的股票来说，就应当持有；而对于一个下跌中的股票来说，就不宜买入。

如图 1–7–8 所示，对于一个上涨中的股票来说，如果连湿吻都没有发生，就应当持有。

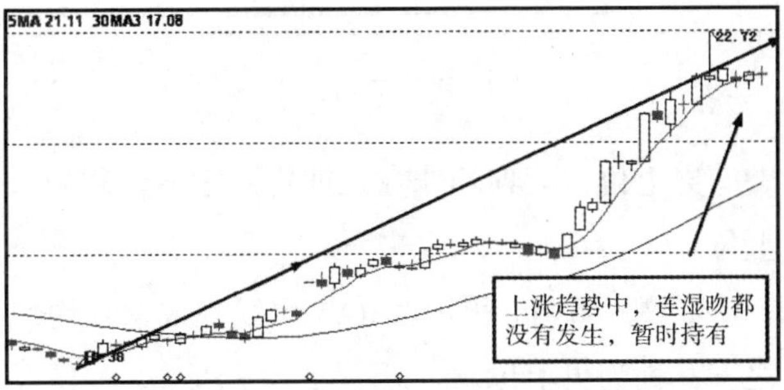

图 1–7–8

如图 1–7–9 所示，对于一个下跌中的股票来说，如果连湿吻都没有发生，就不宜买入。

绕，如胶似漆。

女上位：短期均线在长期均线之上。

男上位：短期均线在长期均线之下。

第一类买点：用比较形象的语言描述，就是由男上位最后一吻后出现的背驰式下跌构成。

第二类买点：女上位第一吻后出现的下跌构成。（教你炒股票 14）

这里给出一个缠中说禅买点定律：大级别的第二类买点由次级别相应走势的第一类买点构成。（教你炒股票 14）

利用均线构成的买卖系统，首先要利用男上位最后一次缠绕后背驰构成的空头陷阱抄底进入，这是第一个值得买入的位置。第二个值得买入或加码的位置，就是女上位后第一次缠绕形成的低位。站在该系统下，这两类买点的风险是最小的，准确地说，收益和风险之比是最大的，也是仅有的值得买入的两个点。但必须指出的是，并不是说这两个买点一定没有风险，其风险在于：对于第一类买点，把中继判断为转折，把背驰判断错了；对于第二类买点，把转折判断成中继。这些都构成其风险，但这里的风险很大程度和操作的熟练度有关。对于高手来说，判断的准确率要高多了。如何成为高手，关键的一点还

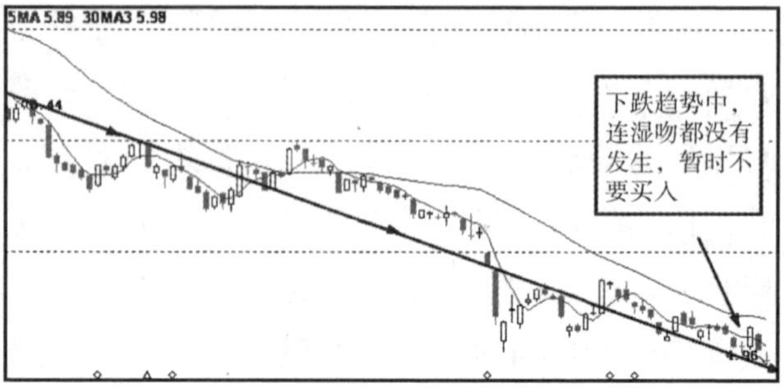

图 1–7–9

女上位：短期均线在长期均线之上，称为女上位。

如图 1–7–10 所示，MA5 均线在 MA30 均线之上，称为女上位。

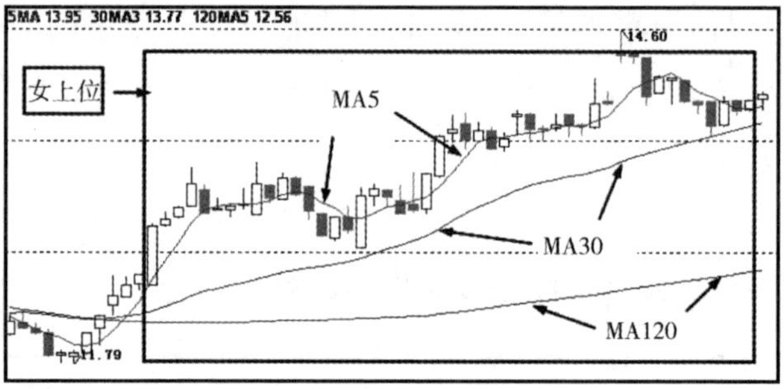

图 1–7–10

男上位：短期均线在长期均线之下，称为男上位。

如图 1–7–11 所示，MA5 均线在 MA30 均线之下，称为男上位。

上涨：最近一个高点比前一个高点高，且最近一个低点比前一个低点高。

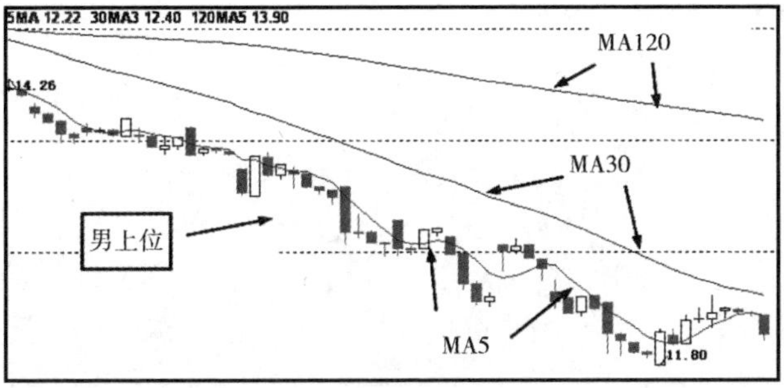

图 1–7–11

如图 1–7–12 所示，高 3 高于高 2，高 2 高于高 1，且低 3 高于低 2，低 2 高于低 1，这种走势谓之上涨。

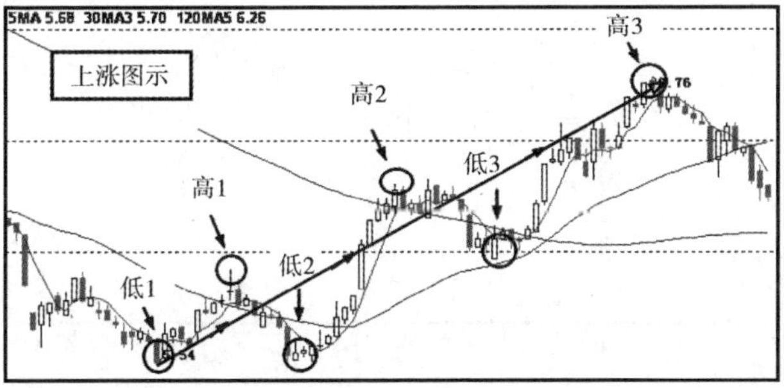

图 1–7–12

下跌：最近一个高点比前一高点低，且最近一个低点比前一低点低。

如图 1–7–13 所示，高 3 低于高 2，高 2 低于高 1，且低 3 低于低 2，低 2 低于低 1，这种走势谓之下跌。

盘整：最近一个高点比前一高点高，且最近一个低点比前一低点低；或者最近一个高点比前一高点低，且最近一个低点比前一低点高。

是要多干、多看和参与，形成一种直觉。但无论高手还是低手，买点的原则是不变的，唯一能分高低的地方只是这个中继和转折以及背弛的判断。（教你炒股票 11）

任何根据均线等技术系统构成的买卖程序，都只是综合判断的一个子判断，并不是说这一招就可以了。至少有一点是任何技术的买卖程序不能解决的，就是相同程序选出来的股票，为什么有些涨得多，有些涨得少。能不能就此而选出最有力度的，这在实际的操作中是很有意义的问题。用一个庸俗的比喻，技术系统是“海选”，而其后需要的

是“复赛”“PK”，这才能选出真正可以介入的股票。（教你炒股票 13）

所谓的“吻”，是和均线系统相关的。而均线系统，只是走势的一个简单数学处理，说白了，离不开或然率。这和后面所说的中枢等概念是完全不同的，所以一定要搞清楚，不要把均线系统和中枢混在一起了。均线系统，本质上和 MACD 等指标是一回事，只能是一种辅助性工具。（教你炒股票 25）

当走势突破短期均线却不能突破长期均线，就会形成“飞吻”；当走势突破长期均线马上形成陷

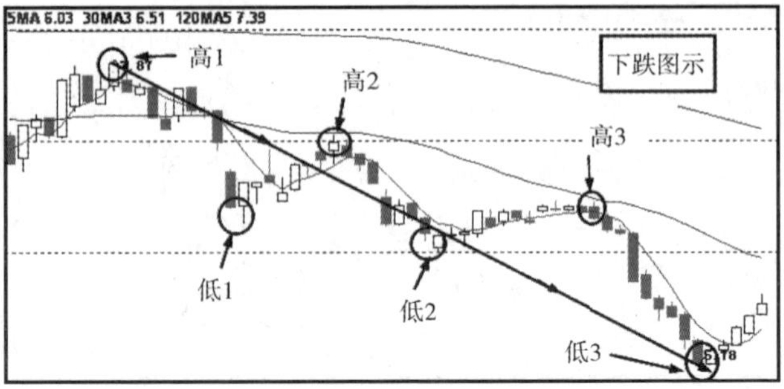

图 1-7-13

如图 1-7-14 所示，这种情况中，高低点呈不规则分布，股价在一个箱体内运行，谓之盘整。

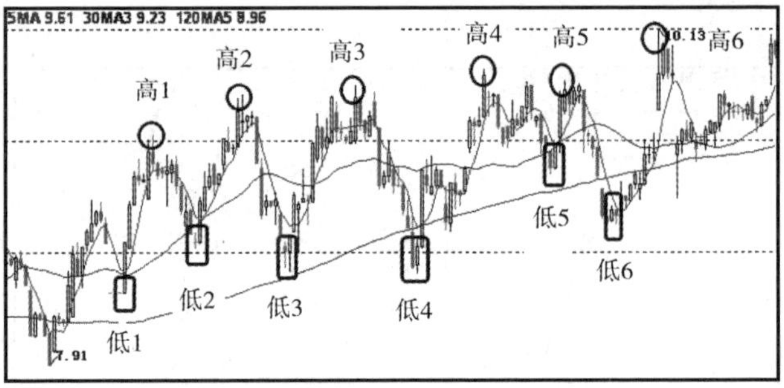

图 1-7-14

2. 均线系统操作方法

缠论均线系统的操作方法，主要落脚在两个买卖点上，即第一类买卖点和第二类买卖点。

第一类买点：用比较形象的语言描述，就是由男上位最后一吻后出现的背驰式下跌构成。

缠论均线系统定义的背驰，主要为“均线相交面积背驰”，它与 K 线系统的趋势背驰、技术指标背驰为缠论背驰的三大构成要素。由于均线相交面积背驰不唯在均线操作中有辅助作用，在

K 线系统中也有参考作用，而趋势背驰、技术指标背驰也不唯在 K 线系统中有辅助作用，在均线操作中也有参考作用，因此，本应属于均线系统的均线相交面积背驰，被放到第二章动力学部分统一讲解，以期读者对缠论中的背驰有一个全面的认识。急需了解均线背驰的读者，可先参阅缠论动力学的背驰部分。

如图 1–7–15、图 1–7–16 所示，男上位最后一吻后出现的背驰式下跌的低点，构成缠论均线系统的第一类买点。

第二类买点：由女上位第一吻后出现的下跌构成。

如图 1–7–17、图 1–7–18 所示，女上位发生的第一吻后下跌的低点，构成缠论均线系统的第二类买点。

阱，就会形成“唇吻”；当走势突破长期均线出现一定的反复，就会形成“湿吻”。（教你炒股票 15）

转折，一般只有两种：一、“湿吻”后继续原趋势，形成陷阱后回头制造出转折；二、出现盘整，以时间换空间地形成转折。（教你炒股票 15）

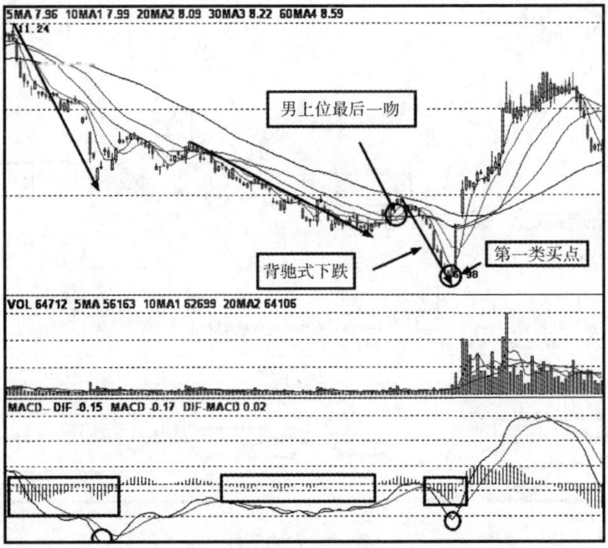

图 1–7–15

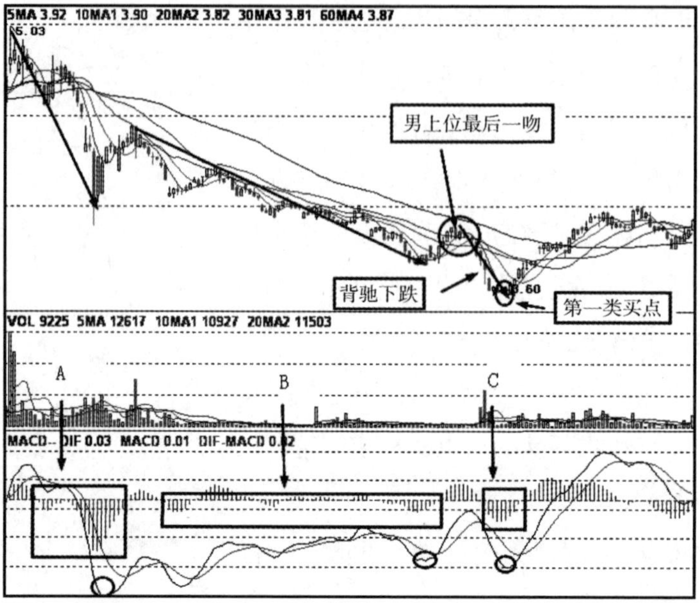
5MA 3.92 10MA1 3.90 20MA2 3.82 30MA3 3.81 60MA4 3.87
男上位最后一吻
背驰下跌
第一类买点
VOL 9225 5MA 12617 10MA1 10927 20MA2 11503
A
B
C
MACD

图 1-7-16

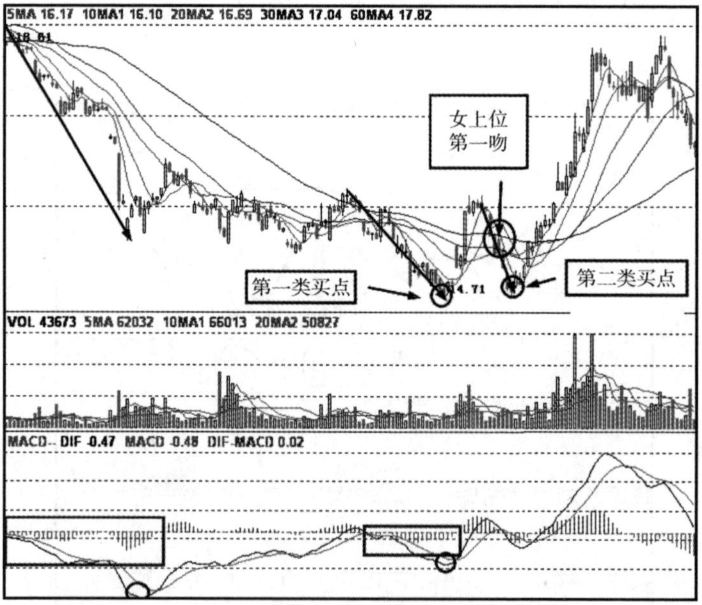
5MA 16.17 10MA1 16.10 20MA2 16.69 30MA3 17.04 60MA4 17.82
女上位
第一吻
第一类买点
第二类买点
VOL 43673 5MA 62032 10MA1 66013 20MA2 50827
MACD-- DIF -0.47 MACD -0.48 DIF-MACD 0.02

图 1-7-17

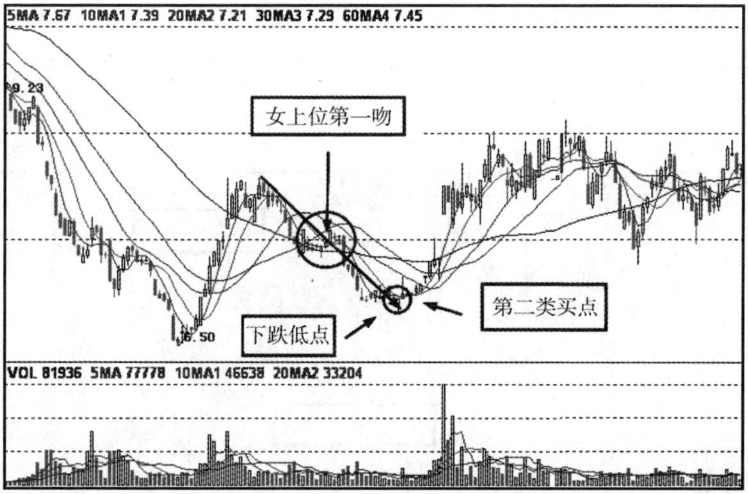

图 1–7–18

第一类卖点：用比较形象的语言描述，就是由女上位最后一吻后出现的背驰式上涨构成。

如图 1–7–19 所示，女上位最后一吻后出现的背驰式上涨的高点，构成缠论均线系统的第一类卖点。

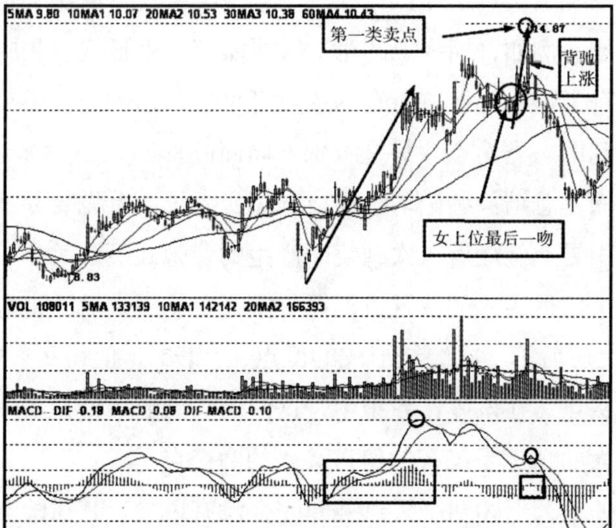

图 1–7–19

第二类卖点：由男上位第一吻后出现的上涨构成。

如图 1–7–20 所示，男上位第一吻后出现的上涨高点，构成缠论中的第二类卖点。

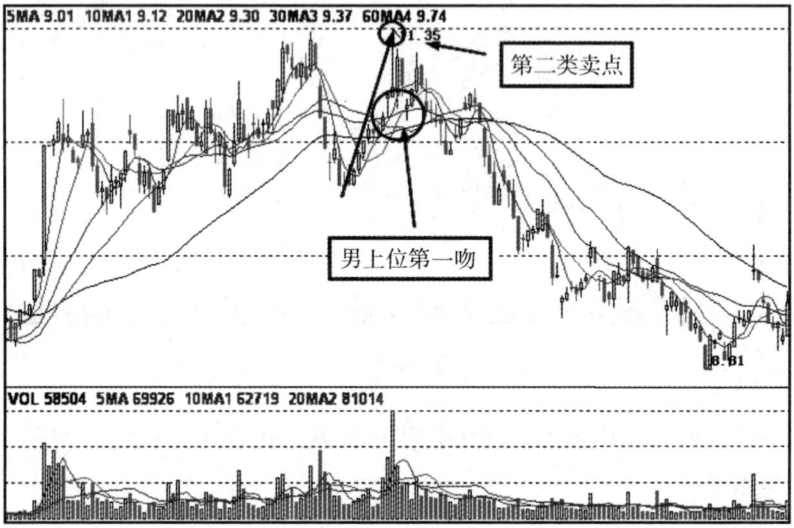

图 1–7–20

缠论均线系统买卖点定律：大级别的第二类买卖点由次级别相应走势的第一类买卖点构成。例如，周线上的第二类买卖点，由日线上相应走势的第一类买卖点构成。有了这个定律，所有的买点都可以归结到第一类买点，所有的卖点都可以归结到第一类卖点，只是级别不同而已。

均线系统操作总结：缠论均线构成的买卖系统，首先要寻找长期男上位的股票，然后利用男上位最后一次缠绕时产生的背弛式下跌（空头陷阱）抄底进入，这是第一个值得买入的位置，即第一类买点。买入后，走势会由男上位转入女上位，女上位后第一次缠绕形成的低点，是第二个值得买入或加码的位置，这就是第二类买点。在该操作系统中，这两个买点的风险是最小的，收益和风险之比则是最大的，也是仅有的值得买入的两个点。

必须指出的是，上述两个买点并非完全没有风险。其风险在于：对于第一类买点，有可能把背弛判断错了，把下跌中继判断为趋势转折；对于第二类买点，有可能把趋势转折判断成上涨中继。这里判断的关键在于对背驰的理解和认识，因此，必须加强对背驰判断的练习。

如果大家选择了缠论均线这个操作系统，就一定要按照均线系统的操作原则来执行交易。任何不在上述两类买点买入的行为都是不可原谅的。买入的方式明白了，卖出的方式反过来理解就行。一旦找到了买点介入，就应一直持有，等待出现第一类卖点，也就是女上位缠绕后出现顶背驰。或者等待出现第二类卖点，也就是女上位变成男上位后的第一个缠绕高点把股票抛掉，这样就完成了一次完整的操作。

由于背驰判断难以精确，因此一般的投资者在买入的时候，最好选择第二类买点。第二类买点相比第一类买点参照因素较多，识别的时候更容易，比选择第一类买点更稳妥和安全。卖出时则不同，以在第一类卖点卖出为最佳。

八、形态学小结

缠论形态学部分主要有分型、笔、线段、走势中枢、走势类型及均线系统，只用形态学，已足以形成一套有效的操作系统。只是在形态学中，由于没有背驰的概念，所以第一类买卖点是抓不住的，但第二类买卖点肯定没问题。单纯用形态学去操作，就是任何对最后一个中枢的回拉后第一个与回拉反向的不创新高或新低的中枢同级别离开，就是买卖段。

如果只用形态学，也可以进行操作，但动力学、形态学联合运用会更为有效。

第二章　缠中说禅动力学

按照缠中说禅的说法，缠论动力学涉及背驰、走势中枢、走势的能量结构等。但在“教你炒股票”108 课中，缠中说禅对于能量结构几乎鲜有提及。走势中枢的内容，笔者主要放在形态学中全面讲解了，故而缠论动力学部分，主要由背驰及区间套构成。

一切技术理论最终都必须落实到买卖点上，这样才是真正具有实际操作意义的理论。缠论的核心是买卖点，要准确地寻找到买卖点，需要先学会准确地判断背驰。

前面已经谈到过，缠论中的所有买卖点（包括 K 线系统和均线系统），最终都可以归结到某级别的第一类买卖点，而背驰与该种买卖点密切相关。可以这样说，任何逆转都是从第一类买卖点开始的。无论是买点还是卖点，必然都对应着某级别的背驰。

背驰，无疑可以看作缠论中判断买卖点的最重要依据。因此，能否准确地识别背驰，就成为能否将缠论成功用于操作实践的关键了。

一、趋势背驰

背驰实际上是结构、形态、力度、指标、量能等方面的综合对比。既然是对比，就必须具有两个以上的对象。任何单独的对象都是无法对比的，因而也无法判断出背驰，所以说“没有趋势，没有背驰”。

缠论中的背驰，主要以走势中枢为依据，对前后两段走势之间的结构、形态、力度、指标、量能等方面进行全面衡量和比较，从而找出走势将要发生转折的关键节点，以此来决定操作。

1. 形态背驰

背驰是两相邻同向趋势间，后者比前者的走势力度减弱造成的。如何判断走势力度？一种简易的方法就是从走势几何形态上识别，笔者在专著《磁区理论》中将其定义为形态背驰。

如图 2–1–1 所示，左边 B 上涨段比 A 上涨段上涨幅度明显要小，就谓之形态背驰。右边 D 上涨段对比 C 上涨段上涨幅度明显要大，这种情况就没有形态背驰。上涨中形成的背驰称为顶背驰，顶背驰对应的高点就是第一类卖点。

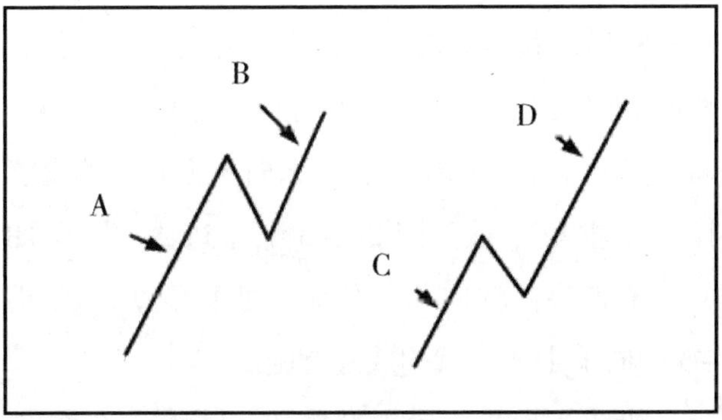

图 2–1–1

如图 2–1–2 所示，左边 B 下跌段对比 A 下跌段下跌幅度明显要小，就谓之形态背驰；右边 D 下跌段对比 C 下跌段下跌幅度明显要大，这种情况就没有形态背驰。下跌中形成的背驰称为底背驰，底背驰对应的低点就是第一类买点。

如何判断背驰？首先定义一个概念，称为缠中说禅趋势力度：前一“吻”的结束与后一“吻”开始由短期均线与长期均线相交所形成的面积。在前后两个同向趋势中，当缠中说禅趋势力度比上一次缠中说禅趋势力度要弱，就形成背驰。按这个定义，是最稳妥的办法，唯一的缺点是必须等再次接吻后才能判断，这时候，走势离真正的转折点已经有一些距离了。如何解决这个问题：第一种方法，看低一级别的图，从中按该种办法找出相应的转折点，这样和真正的低点基本没有太大的距离。（教你炒股票 15）

还有一种方法，技巧比较高，首先再定义一个概念，称为缠中说禅趋势平均力度：当下与前一"吻"的结束时短期均线与长期均线形成的面积除以时间。因为这个概念是即时的，马上就可以判断当下的缠中说禅趋势平均力度与前一次缠中说禅趋势平均力度的强弱对比。一旦这次比上次弱，就可以判断背驰即将形成，然后再根据短期均线与长期均线的距离，一旦延伸长度缩短，就意味着真正的底部马上形成。按这种方法，真正的转折点基本就可以完全同时地抓住。但有一个缺陷，就是风险稍微大点儿，且需要

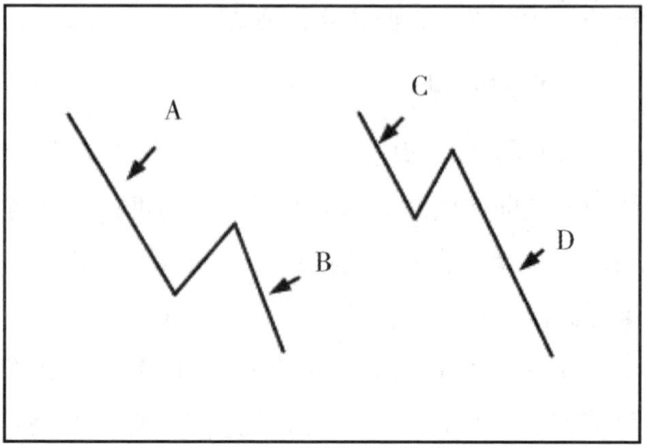

图 2–1–2

以中枢为中间点，所谓顶背驰，就是最后这个中枢向上离开比向下离开走势要弱。中枢有这样的特性，就是对向上或向下离开的走势，都有相同的回拉作用。既然向上离开比向下离开要弱，向下离开都能拉回中枢，那么向上离开当然也能拉回中枢里。对于图 2–1–3 中左边 A+ 中枢 +B 的向上走势，就构成顶背驰，对于右边 C+ 中枢 +D 的向下走势，就构成底背驰。

如图 2–1–3 所示，左边 A+ 中枢 +B 的向上走势，B 比 A 弱，B 就是顶背驰；右边 C+ 中枢 +D 的向下走势，D 比 C 弱，D 就是底背驰。必须要注意的是，图中 A 和 C 之前还要有一个中枢存在，才能构成趋势背驰，否则就只能看成盘整背驰。

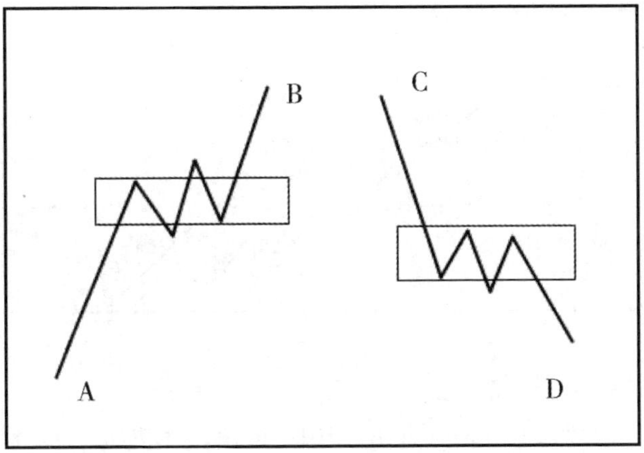

图 2–1–3

如图 2–1–4 所示，C 下跌段发生在第二个中枢之下，下跌幅度明显减弱，下跌中出现形态底背驰，考虑买入。

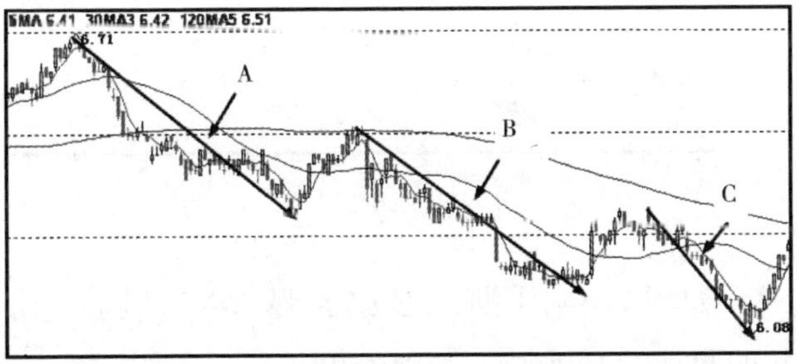

图 2–1–4

如图 2–1–5 所示，C 下跌段发生在第二个中枢之下，下跌幅度明显减弱，下跌中形成形态底背驰，考虑买入。

的技巧要高点儿，对市场的感觉要好点儿。（教你炒股票15）

背驰的回跌力度，和级别很有关系。如果日线上在上涨的中段刚开始的时候，MACD 指标刚创新高，红柱子伸长力度强劲，这时候 5 分钟即使出现背驰，其下跌力度显然有限，所以只能打点儿短差，甚至可以不管。而在日线走势的最后阶段，特别是上涨的延伸阶段，一个 1 分钟的背驰足以引发暴跌。这一点必须多级别地综合来考察，绝对不能一看背驰就抛，等跌 50%，世界上哪里有这样的事情。（教你炒股票 25）

图 2-1-5

如图 2-1-6 所示，B 比 A 强，未背驰。C 比 B 弱，背驰开始。D 比 C 更弱，顶背驰。考虑卖出。

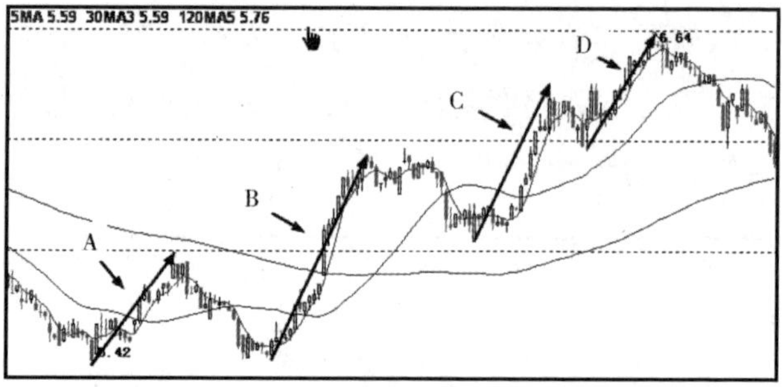

图 2-1-6

如图 2-1-7 所示，B 比 A 强，未背驰。C 比 B 明显弱，顶背驰，考虑卖出。

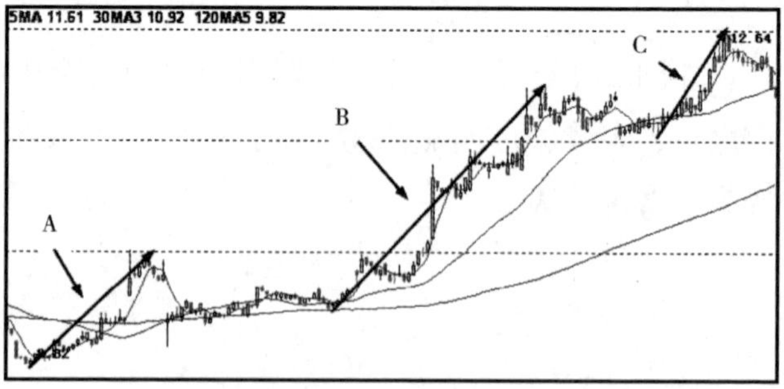

图 2-1-7

用 MACD 指标判断背驰，首先要有两段同向的趋势。同向趋势之间一定有一个盘整或反向趋势连接，把这三段分别称为 A、B、C 段。显然，B 的中枢级别比 A、C 里的中枢级别都要大，否则 A、B、C 就连成一个大的趋势或大的中枢了。A 段之前，一定是和 B 同级别或更大级别的一个中枢，而且不可能是一个和 A 逆向的趋势，否则这三段就会在一个大的中枢里了。（教你炒股票 24）

用 MACD 指标判断背驰的前提是，A、B、C 段在一个大的趋势里，其中 A 之前已经有一个中枢，而 B 是这个大趋势的另一形态背驰是一种识别背驰的简易方法。但在使用时要注意一点，就是对比段必须是在完成的情况下，这样的对比才有意义。一个尚未完成的下跌或上涨段，与前面的下跌或上涨段是无法进行比较的。实际操作中，如何提前准确判断当下的下跌段或上涨段是否结束，方法就是使用后面即将讲解的区间套，通过考察次级别的背驰情况来做出判断。

2. 技术指标背驰

用 MACD 指标对背弛进行辅助判断，是一种虽然不够精确，但是比较方便、容易的方法。

用 MACD 指标判断背驰的前提是，A、B、C 段在一个大的趋势里，其中 A 之前已经有一个中枢，而 B 是这个大趋势的另一个中枢，这个中枢一般会把 MACD 指标的黄白线（也就是 DIFF 和 DEA）回拉到 0 轴附近。C 段的走势类型完成时，对应的 MACD 指标柱线面积（向上的看红柱子，向下看绿柱子）比 A 段对应的面积要小，这时候就构成标准的背驰。

如图 2-1-8 所示，A、B、C 段在一个大的下跌趋势里，其中 A 之前已经有一个以上中枢，B 是这个大趋势的另一个中枢，这个中枢已经把 MACD 指标的黄白线（也就是 DIFF 和 DEA）回拉到 0 轴附近。C 段的走势类型完成时，对应的 MACD 指标绿柱线面积比 A 段对应的绿柱线面积要小，这时候就构成标准的底背弛。其背驰点就是标准的第一类买点。

个中枢，这个中枢一般会把 MACD 指标的黄白线（也就是 DIFF 和 DEA）回拉到 0 轴附近。而 C 段的走势类型完成时，对应的 MACD 指标柱子面积（向上的看红柱子，向下看绿柱子）比 A 段对应的面积要小，这时候就构成标准的背弛。（教你炒股票 24）

注意，看 MACD 指标柱子的面积不需要全出来，一般柱子伸长的力度变慢时，把已经出现的面积乘 2，就可以当成是该段的面积。所以，实际操作中根本不用回跌后才发现背驰，在上涨或下跌的最后阶段，判断结论就出来了，一般都可以抛到

最高价位或买在最低价位附近。（教你炒股票24）

必须说明的是，由于MACD指标本身的局限性，要精确地判断背驰与盘整背驰，还是要从中枢本身出发。但利用MACD指标，对一般人理解和把握比较简单点儿，而这已经足够好了。光用MACD指标辅助判断，即使你对中枢不大清楚，只要能分清楚A、B、C三段，其准确率也应该在90%以上。而配合上中枢，那是100%绝对的，因为这可以用纯数学的推理逻辑地证明。（教你炒股票24）

MACD指标当一个

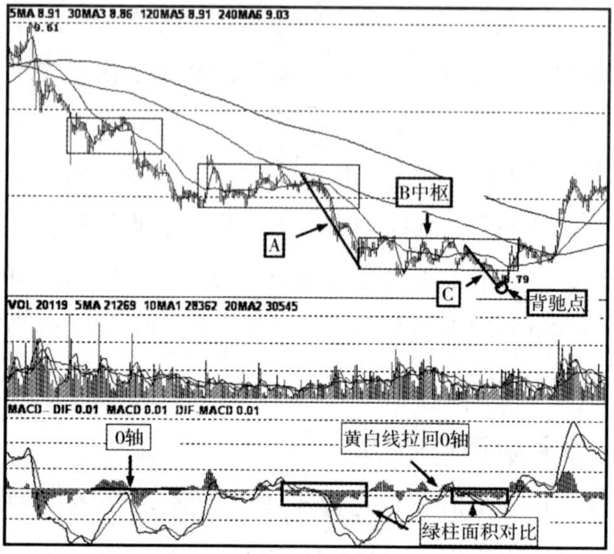

图 2–1–8

如图2–1–9所示，A、B、C段在一个大的上涨趋势里，其中A之前已经有一个以上中枢，B是这个大趋势的另一个中枢，这个中枢已经把MACD指标的黄白线（也就是DIFF和DEA）回拉到0轴附近。C段的走势类型完成时，对应的MACD指标红柱线面积比A段对应的红柱线面积要小，这时候就构成标准的顶背驰。其背驰点30.75元处就是标准的第一类卖点。

注意：A段和C段对比时，不要求C段MACD柱线面积全部出来，一般柱子伸长的力度变慢时，把已经出现的面积乘2，就可以当成是该段的柱线面积，这样可起到提前判断的作用。实际操作中根本不用等待回跌后才确定背驰，在上涨（下跌情况同样）接近最后阶段，背驰结论就可以提前判断出来了。根据这种方法，一般都可以提前抛到最高价位附近。

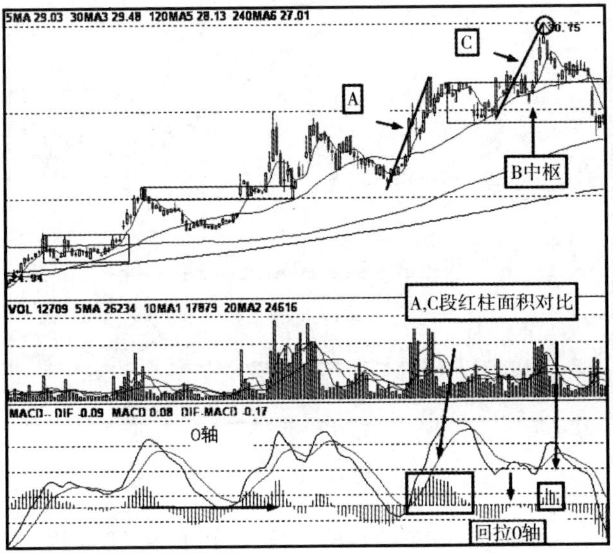

图 2-1-9

用 MACD 指标判断背驰，除了上述考察同向两段线段对应的红绿柱线面积外，还可以考察黄白线运行的位置。“教你炒股票”108 课里对此没有进行系统完整的讲解，笔者稍稍补述一下。

如图 2-1-10 所示，在一个下跌趋势里，对于 A+ 中枢 B+C 的走势情况，C 段对比 A 段创出新低，但 MACD 指标的黄白线返回 0 轴后不再创出新低，就构成趋势底背驰，背驰点就是第一类买点。

辅助系统，还是很有用的。MACD 指标的灵敏度和参数有关，一般都取用 12、26、9 为参数，这对付一般的走势就可以了。但一个太快速的走势，1 分钟图的反应也太慢了。（教你炒股票 25）

这一点必须多级别地综合来考察，绝对不能一看背驰就抛，等跌 50%，世界上哪里有这样的事情。（教你炒股票 25）

一般来说，一个标准的两个中枢的上涨，在 MACD 指标上会表现出这样的形态，就是第一段，MACD 指标的黄白线从 0 轴下面上穿上来，在0轴上方停留的同时，形成相应的第一个中枢，同时形成第二类买点。其后突破该中枢，MACD指标的黄白线也快速拉起，这往往是最有力度的一段。一切的走势延伸等，以及MACD指标绕来绕去的所谓指标钝化，都经常出现在这一段。这段一般在一个次级别的背驰中结束，然后进入第二个中枢的形成过程中，同时MACD指标的黄白线会逐步回到0轴附近。最后，开始继续突破第二个中枢，MACD指标的黄白线以及柱子都再次重复前面的过程，但这次黄白线不能创新高，或者柱子的面积或者伸长的高度不能突破新高，出现背驰，

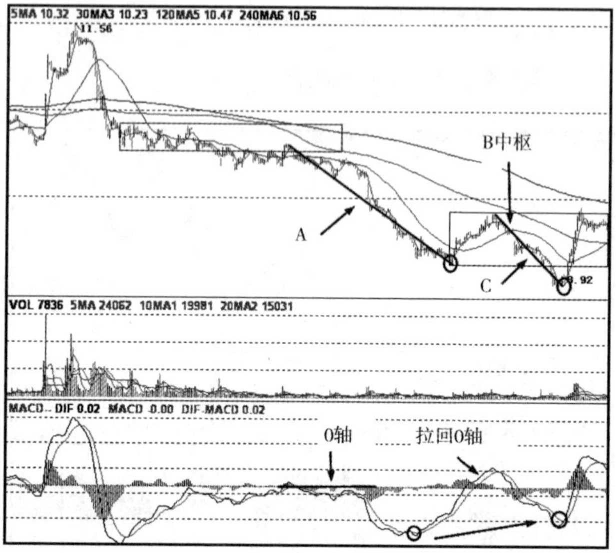

图 2–1–10

如图 2–1–11 所示，在一个上涨趋势里，对于 A+ 中枢 B+C 的情况，C 段对比 A 段创出新高，但 MACD 指标的黄白线返回 0 轴后不再创出新高，就构成趋势顶背驰，背驰点就是第一类卖点。

技术指标背驰是一种非常实用的识别背驰的方法。但在使用时要注意一点，就是对线段的比较如何尽可能地提前进行，提前得出结论，才会更具操作意义。因此，有必要关注后面即将讲述的区间套方法。

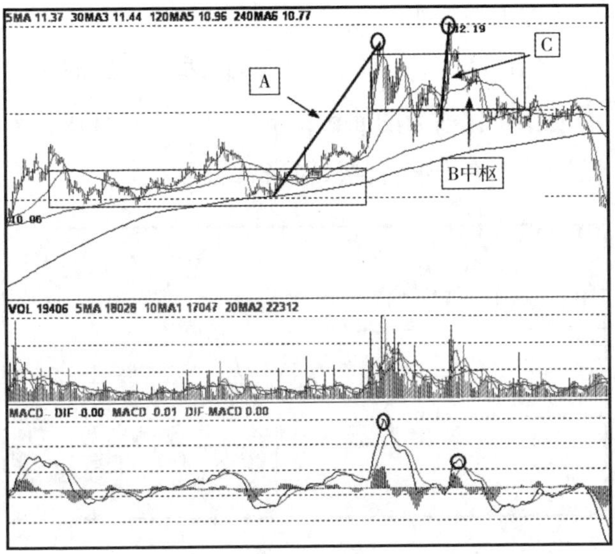

图 2-1-11

这就结束了这个两个中枢的上涨过程。（教你炒股票 25）

如果在第一个中枢就出现背驰，那不会是真正意义上的背驰，只能算是盘整背驰。盘整背驰真正的技术含义，其实就是一个企图脱离中枢的运动，由于力度有限，被阻止而出现回到中枢里。一般来说，小级别的盘整背驰，意义都不太大，而且必须结合其位置进行分析。如果是高位，那风险就更大了，往往是刀口舔血的活动。但如果是低位，那意义就不同了，因为多数第二类、第三类买点，其实都是由盘整背驰构成的，而第一类买点多数由趋势背

3. 均线相交面积背驰

以均线定义的“背驰”，主要用于缠中说禅均线系统的操作方法中。当然，这一背驰判断方法也可以引入缠论 K 线系统的操作方法当中，用以辅助判断 K 线系统的买卖点，就如同趋势背驰和 MACD 指标背驰判断方法也可以用于均线系统的操作一样。

要理解均线相交面积背驰，必须先理解一个概念：趋势力度。所谓趋势力度，是指前一“吻”结束与后一“吻”开始由短期均线与长期均线相交所形成的面积。

用均线相交面积判断背驰，主要是考察同向趋势中前、后短期均线与长期均线相交时形成的面积。若面积越来越小，说明趋势的力度越来越

弱，就形成背驰。

如图 2-1-12 所示，下跌趋势中，后面形成的面积相比前面的面积，下跌力度明显减弱，下跌进入趋势力度背驰，应当考虑买入。

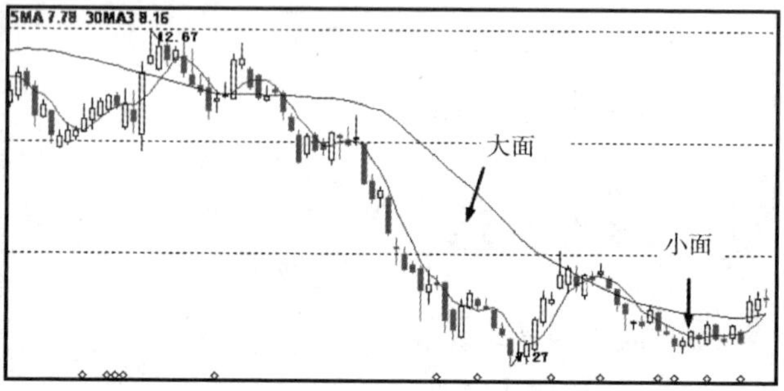

图 2-1-12

如图 2-1-13 所示，下跌趋势中，后面形成的面积相比前面形成的面积越来越小，表明下跌力度明显减弱，下跌出现趋势力度背驰，应当考虑买入。

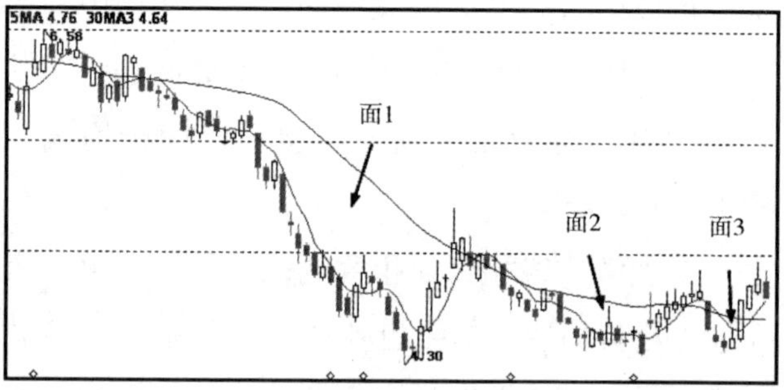

图 2-1-13

如图 2-1-14 所示，上涨趋势中，后面形成的面积相比前面形成的面积越来越小，表明上涨力度明显减弱，上涨出现趋势力度背驰，应当考

驰构成。一般来说，第二类、第三类买点，都有一个三段的走势，第三段往往都破点儿第一段的极限位置，从而形成盘整背驰。注意，这里是把第一段、第三段看成两个走势类型之间的比较，这和趋势背驰里的情况有点不同。这两个走势类型是否一定是趋势，问题都不大，两个盘整在盘整背驰中也是可以比较力度的。这里，先补充一个定义，就是在某级别的某类型走势，如果构成背驰或盘整背驰，就把这段走势类型称为某级别的背驰段。（教你炒股票 27）

所谓顶背驰，就是最后这个中枢，向

虑卖出。

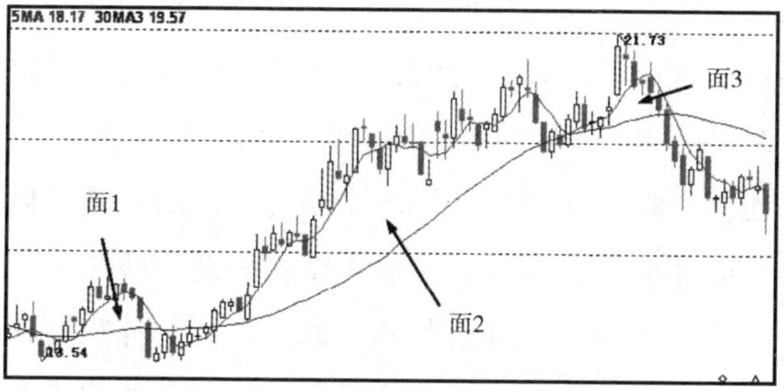

图 2-1-14

如图 2-1-15 所示，上涨趋势中，后面形成的面积相比前面形成的面积越来越小，上涨力度明显减弱，上涨出现趋势力度背驰，应当考虑卖出。

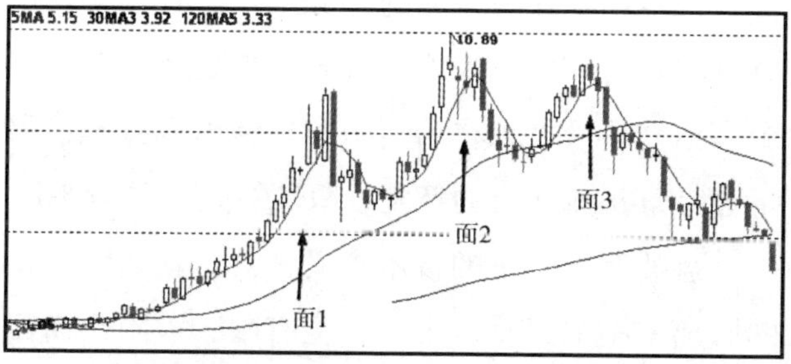

图 2-1-15

利用均线相交面积判断背驰，在使用均线系统操作时运用的较多。实际操作中，亦可与形态背驰、MACD 指标背驰综合考察。如何在当下面积尚未完全走出来时提前判断当下的面积大小，提前与前面的趋势力度进行比较，这一分析判断较为关键。按缠中说禅提供的方法，就是考察趋势平均力度。

上离开比向下离开要弱。而中枢有这样的特性，就是对无论向上或向下的离开，都有相同的回拉作用。既然向上离开比向下离开要弱，而向下离开都能拉回中枢，那么向上的离开当然也能拉回中枢里。对于 b+B+c 向上的走势，这就构成顶背驰，而对于 b+B+c 向下的走势，就构成底背驰。对于盘整背驰，这种分析也一样有效。其实，站在中枢的角度，盘整背驰与背驰，本质上是一样的，只是力度、级别以及发生的中枢位置不同而已。（教你炒股票 33）

总体来说，围绕中枢的操作原则很简

单，每次向下离开中枢，只要出现底背驰，那就可以介入了。然后看相应回拉出现顶背驰的位置是否能超越前面一个向上离开的顶背驰高点，不行一定要走。行也可以走，但次级别回抽一旦不重新回到中枢里，就意味着第三类买点出现了，就一定要买回来。如果从底背驰开始的次级别回拉不能重新回到中枢里，那就意味着第三类卖点出现。（教你炒股票 33）

转折必然由背驰导致，但背驰导致的转折并不一定是同一级别的。（教你炒股票 43）

至于 MACD 指标

趋势平均力度：当下与前一“吻”结束时短期均线与长期均线形成的面积除以时间。

这个概念是即时的，马上就可以判断当下的趋势平均力度与前一次趋势平均力度的强弱对比。一旦这次的趋势平均力度比上次弱，就可以判断背驰即将形成，然后再根据短期均线与长期均线的距离进行辅助判断。如果柱线延伸长度缩短，就意味着真正的底部马上形成。按照这种方法，真正的转折点基本可以即时抓住。但这个方法有一个缺陷，就是风险稍微大一些，且需要比较高的分析技巧，对市场的感觉也要灵敏。

二、盘整背驰

背驰产生在一个大的趋势里，没有趋势就没有背驰。对于中枢来说，背驰至少是产生在第二个中枢之后。如果在第一个中枢就出现背驰，那不会是真正意义上的背驰，只能算是盘整背驰。

盘整背驰真正的技术含义，其实就是一个企图脱离中枢的运动，由于力度有限，被阻止而回到中枢里。

如图 2-2-1 所示，左图顶背驰发生在一个上涨走势类型中，第二个中枢之上；右图盘整背驰发生在一个盘整走势类型中，第一个中枢之上。

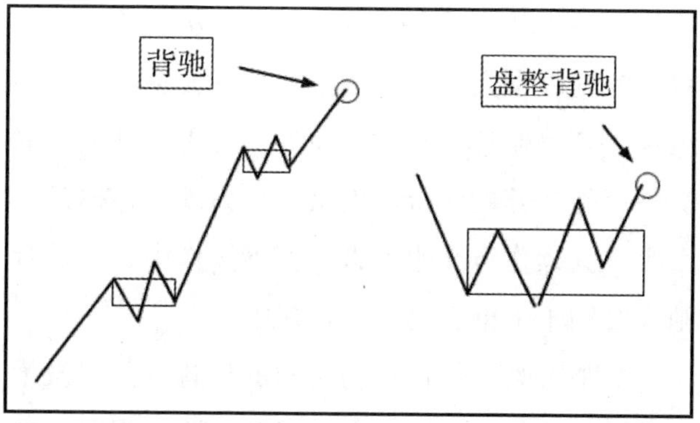

图 2-2-1

如图 2-2-2 所示，左图底背驰发生在一个下跌走势类型中，第二个中枢之下；右图盘整背驰发生在一个盘整走势类型中，第一个中枢之下。

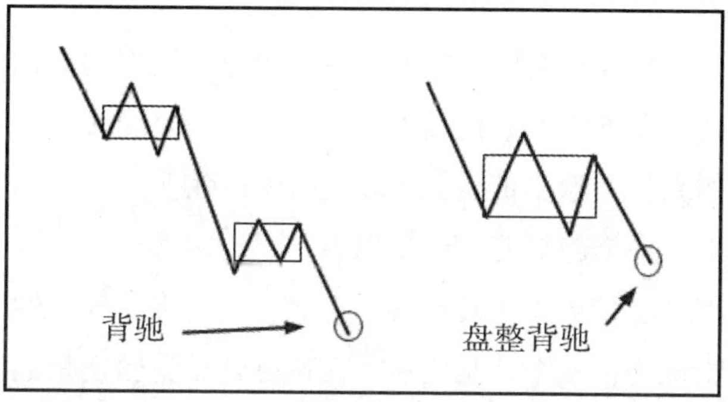

图 2-2-2

背驰发生在趋势里，盘整背驰发生在盘整中，这是二者的本质区别。

其实，如果站在中枢的角度看，盘整背驰与背驰本质上是一样的，只是背驰的力度、级别以及相对中枢的位置不同而已。多数第二类、第三类买点，其实都是由盘整背驰构成的，而第一类买点多数由趋势背驰构成。

的辅助判别，已经反复说过多次，关键不是 MACD 指标，而是走势的分解，这才是关键。如果 MACD 指标真有用，那光用 MACD 指标就可以。连这问题都没解决，那前面的课程是白学了。（教你炒股票 84）

第二类买点跌破第一类买点，也就是第二类买点比第一类买点低，这是完全可以的。这里一般都构成盘整背驰，后面对应这从顺势平台到扩张平台等不同的走势，这在后面的课程里会说到。（教你炒股票 101）

先补充一个定义，就是在某级别的

某类型走势，如果构成背驰或盘整背驰，就把这段走势类型称为某级别的背驰段。

学过数学分析的，都应该对区间套定理有印象。这种从大级别往下精确找大级别买点的方法，和区间套是一个道理。

某大级别的转折点，可以通过不同级别背驰段的逐级收缩范围确定。换言之，某大级别的转折点，先找到其背驰段，然后在次级别图里，找出相应背驰段在次级别里的背驰段，将该过程反复进行下去，直到最低级别，相应的转折点就在该级别背驰段确定的范围内。如果这个最低级别是可以达到每笔成交的，理论上，大级

盘整背驰有无操作价值，主要从两方面来考察，一是级别大小，二是中枢区间大小。太小的级别，其操作意义有限。比如一个1分钟级别的盘整背驰，其操作价值就很小。另外，中枢区间太小，其操作意义也不大。实际操作中，盘整背驰主要用于中枢震荡操作短差中。

盘整背驰的价值还与中枢的位置有关。发生在下跌趋势最后一个中枢的盘整背驰，很可能构成第二类、第三类买点；发生在上涨趋势最后一个中枢的盘整背驰，很可能构成第二类、第三类卖点，这是要特别注意的地方。

三、背驰的力度与级别

背驰有级别的问题。一个1分钟级别的顶背驰，在绝大多数情况下，不会制造一个周线级别的大顶，除非日线上同时也出现背驰现象。

一个趋势背驰产生以后，无论是哪个级别，都是必然要发生转折的。那么，转折多少呢？缠论认为，一个背驰之后，无论是盘整背驰还是趋势背驰，理论上只能保证其回拉到原来的中枢。

如图2-3-1所示，图中出现背驰点后，理论上只保证将走势回拉到原来的中枢。

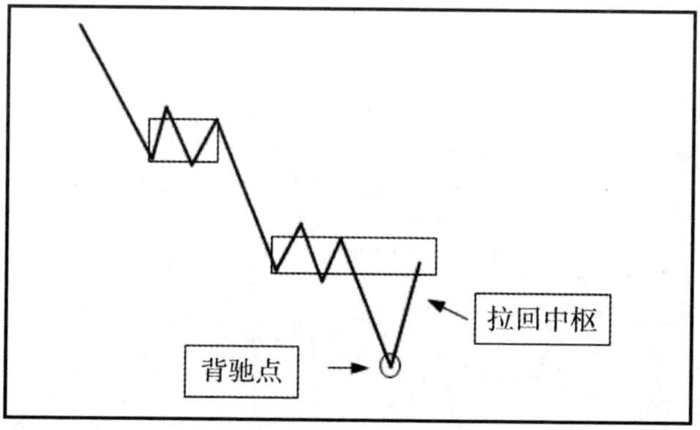

图 2-3-1

别的转折点，可以精确到笔的背驰上，甚至就是唯一的一笔。（教你炒股票 27）

一旦出现了背驰，就必然会导致转折，但背驰导致的转折却不一定是同级别的。有时候，小级别的背驰完全可以引发大级别的转折，但小级别背驰引发大级别转折却是有条件的。小级别背驰引发大级别转折的必要条件是，该级别走势的最后一个次级别走势中枢出现第三类买卖点。

比如，一个 5 分钟级别出现底背驰，要由这个 5 分钟级别的底背驰引发 30 分钟级别的向上转折，则该 5 分钟级别走势的最后一个次级别走势中枢，必须出现第三类买点。一个 5 分钟级别出现顶背驰，要由这个 5 分钟级别的顶背驰引发 30 分钟级别的向下转折，则该 5 分钟级别走势的最后一个次级别走势中枢，必须出现第三类卖点。

注意：这里小级别的背驰最后一个次级别走势中枢出现第三类买卖点，只是引发大级别转折的必要条件，而不是充分条件。小级别的背驰最后一个次级别走势中枢出现第三类买卖点，并不必然会导致大级别的转折。但没有最后一个次级别走势中枢出现第三类买卖点，则大级别一定不会转折。

缠论认为，一个背驰后会引发三种情形，即某级别趋势的背驰将导致：该趋势最后一个中枢的级别扩展；该级别更大级别的盘整；该级别以上级别的反趋势。

如图 2-3-2 所示，背驰后的反弹只触及最后一个中枢的延伸低点 DD，导致该趋势最后一个中枢的级别扩展，是背驰后最弱的情况。

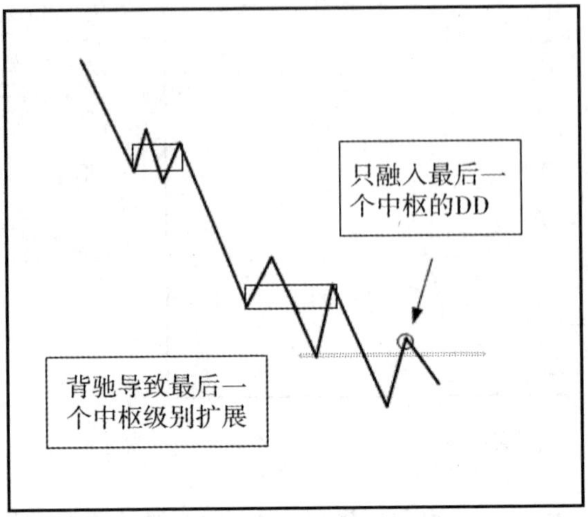

图 2–3–2

背驰买入以后，反弹突入最后一个中枢区间的，会出现盘整和反趋势两种情况。是盘整还是反趋势的上涨，关键要看突破中枢时是否形成第三类买点。若不形成第三类买点，则为盘整，若形成第三类买点，则为反趋势的上涨。

如图 2–3–3 所示，背驰后的反弹触及最后一个中枢的区间，但不产生第三类买点的，将导致该级别更大级别的盘整。

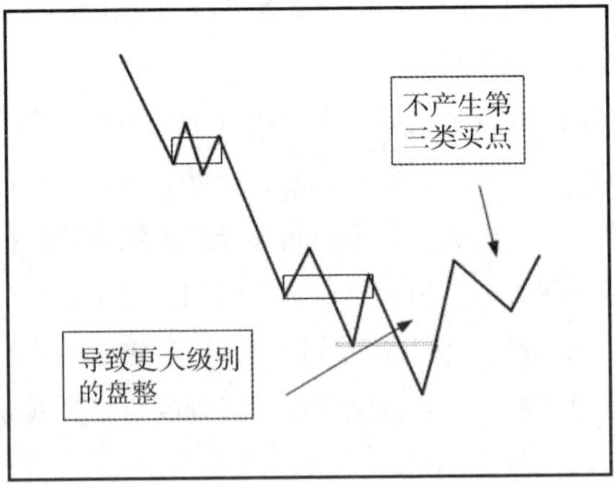

图 2–3–3

如图 2–3–4 所示，背驰后的反弹突入到最后一个中枢的区间，产生第三类买点的，将导致该级别以上级别的反趋势。

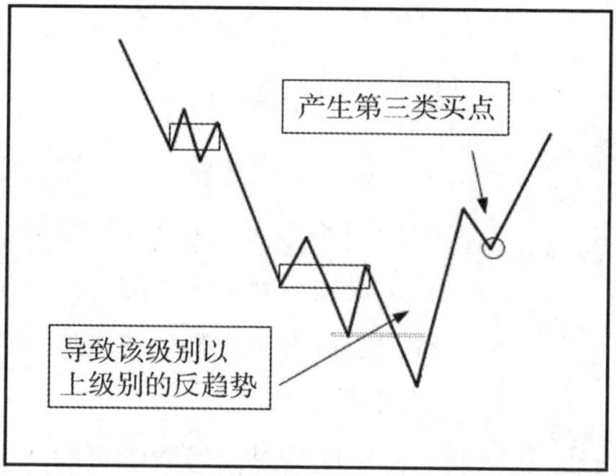

图 2-3-4

以上就是某级别趋势背驰后会引发的三种情形：A. 该趋势最后一个中枢的级别扩展。B. 该级别更大级别的盘整。C. 该级别以上级别的反趋势。由于第一种情况很少发生且和第二种情况相似，所以也可以简略地说，背驰以后就意味着盘整和反趋势。

背驰买入后出现盘整，由于盘整耗时耗力，一般情况下都应退出。而背驰买入后出现反趋势，则相当于买入了一个 V 型反转的股票，当然应继续持有。一切实际操作，当以追求背驰买入后出现第三种情况为目标。

“教你炒股票”108 课中关于背驰力度与级别的原文，摘录如下，以供参考。

（1）缠中说禅背驰 - 转折定理：某级别趋势的背驰将导致该趋势最后一个中枢的级别扩展、该级别更大级别的盘整或该级别以上级别的反趋势。（教你炒股票 29）

（2）由于背驰的级别不可能大于当下走势的级别，例如一个 30 分钟级别的背驰，只可能存在于一个至少是 30 分钟级别的走势类型中，所以就有这两种不同转折方式的明确分类。（教你炒股票 43）

（3）转折必然由背驰导致，但背驰导致的转折并不一定是同一级别的。（教你炒股票 43）

（4）一个背驰后，无论是盘整背驰还是真正的背驰，理论只能保证其回拉原来的中枢，这是正确的思维方式。（教你炒股票98）

四、区间套

在判断趋势背驰的时候，要精确地找到本级别图中离开最后中枢的上涨段或下跌段的背驰点，仅凭本级别图中的情况，是较难精确达到这种识别效果的。缠论解决这一难题的办法，就是运用区间套。

区间套是高等数学里的一个专门术语。缠论认为，某大级别的转折点，也可以通过不同级别背驰段的逐级收缩来确定。比如，要找到某大级别的背驰点，可以先找到该级别走势图中的背驰段，然后去次级别图里，找出相应背驰段在次级别图里的背驰段。将上述过程反复进行下去，直到最低级别，相应的背驰点就能在该最低级别背驰段范围内确定。这种通过不断缩小考察级别，最终相对精准地找到大级别背驰点的方法，就是缠论中所说的区间套。

缠论认为，只要掌握了上述这种类似用放大镜观察物体的区间套方法，无论哪一级别的背驰点，最终都能从最低级别图中精确找到。理论上，大级别的转折点可以精确到分笔图中的背驰上，甚至就是唯一的一笔。

下面以实例对缠论中的区间套进行示范讲解。

如图2–4–1所示，该图是宁波东力（002164）

学过数学分析的，都应该对区间套定理有印象。这种从大级别往下精确找大级别买点的方法，和区间套是一个道理。（教你炒股票27）

区间套的方法，就是走势必完美的一个重要应用。有了区间套，买卖点的精确定位才有可能。也就是说走势必完美的存在，导致了买卖点可以精确定位。（教你炒股票102）

也就是说，任何走势，都可以唯一地表示为a1A1+a5A5+a30A30的形式。而级别的存

2011 年 4 月 13 日至 2011 年 12 月 12 日的日 K 线截图，其中 C 段有背驰迹象。如何运用区间套精确找到日线 C 段的背驰点呢？

在，一个必然的结论就是，任何高级别的改变都必须先从低级别开始。（教你炒股票 102）

采用区间套的方法，第一步是打开 30 分钟 K 线图，考察日线 C 段在 30 分钟 K 线图里的具体走势，然后找出日线 C 段在 30 分钟 K 线图中的背驰段。

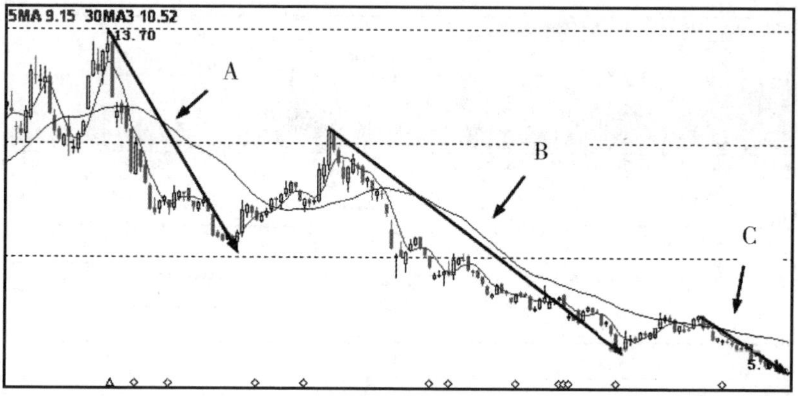

图 2-4-1

如图 2-4-2 所示，日线 C 段的下跌走势，在 30 分钟图中已走出 D、E、F 三段，其中 F 段已进入背驰段。但仍需运用区间套再精确地找到 F 段的背驰点。

第二步是打开 5 分钟 K 线图，考察 30 分钟 K 线图中 F 段在 5 分钟 K 线图里的具体走势，找出 5 分钟 K 线图中 F 段对应的 5 分钟级别的背驰段。

假设该背驰段为 G，那么再下一步就是考察 G 段在 1 分钟级别图中的具体走势，找出 G 段在 1 分钟级别图中的背驰段。假设该背驰段为 H，那么宁波东力（002164）日线级别的背驰点基本可以确定在此 1 分钟级别的 H 段里了。

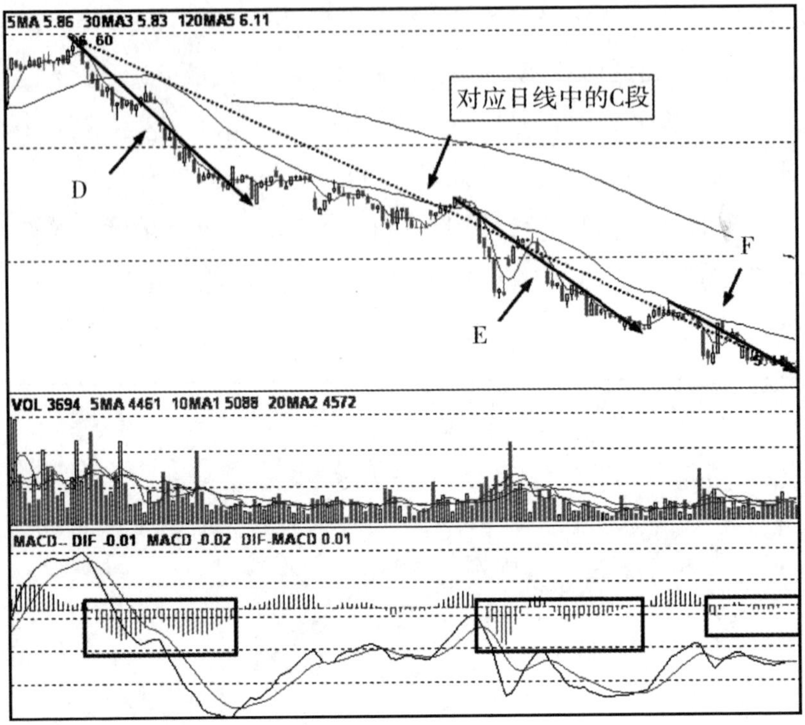

如图 2-4-2

区间套实际上就是先确定一个大范围，再一步一步收缩考察范围。这好比要找一个人，先确定他所在位置的大方向，比如在哪个省，然后确定他在哪个市，再确定他在哪个区，再确定他在哪条街道，再确定他在哪幢楼。随着这样一步步地深入，离他的实际位置就越来越接近了。

结语：由于传说缠中说禅离开了人世，缠中说禅博客 2008 年 10 月 10 日后停止了更新，因而缠论动力学方面的讲解仅局限在背驰和区间套部分。这虽然对辅助缠论形态学寻找买卖点有很大的帮助，但无疑也不完全充分。动力学方面的其他辅助手段，还应包括量能结构、筹码分布、其他技术指标等方法和手段。这些未竟部分，还有待广大缠论爱好者予以补充和完善。

第三章　缠中说禅其他操作技巧

“教你炒股票”108课的主要内容，就是利用走势中枢和背驰判断来确定买卖点，然后买点买，卖点卖，这无疑就是整个缠中说禅技术理论的精髓。但除此之外，“教你炒股票”108课中还零星介绍了一些其他的操作技巧，若能结合前面所学的内容综合运用，会取得更好的操作效果。

一、防狼术

缠论中的防狼术，就是以一个最简单的MACD指标为参考，以0轴为多空主导线。一旦技术图表中的MACD指标黄白线进入0轴之下，就表明对应周期内的走势进入空头主导，那么这样的股票就必须远离。

如图3-1-1所示，方框内MACD指标黄白线进入0轴之下，对应的股票走势进入空头主导，这样的股票暂时不必考虑买入。

就一个最简单的MACD指标，0轴分为多空主导。也就是说，一旦MACD指标进入0轴之下，那么就在对应时间单位的图表下进入空头主导，而这是必须远离的。（教你炒股票103）

回避所有MACD指标黄白线在0轴下面的市场或股票，这就是最基本的防狼术。（教你炒股票103）

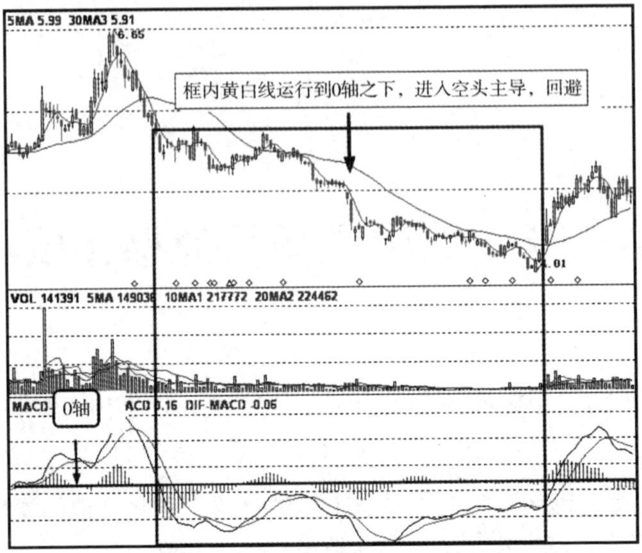

图 3-1-1

如图 3-1-2 所示，方框内 MACD 指标黄白线进入 0 轴之下，表明对应的股票走势进入空头主导，这样的股票必须暂时回避。

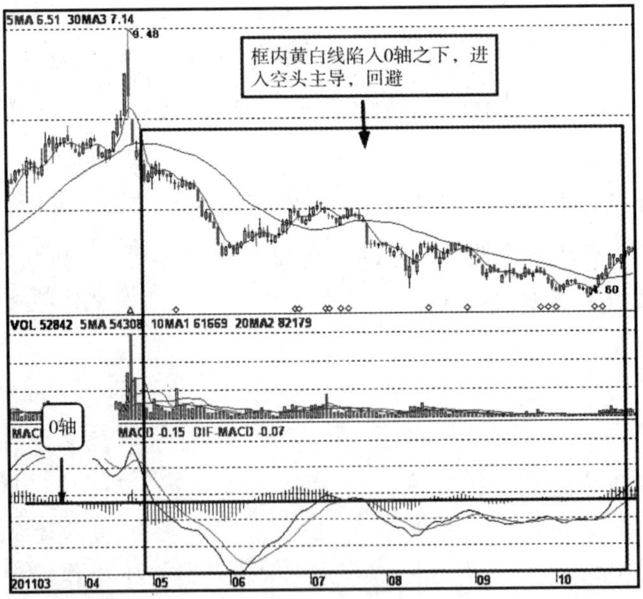

图 3-1-2

在选股的时候，回避所有 MACD 指标黄白线在 0 轴下面的市场或股票，这就是最基本的防狼术。

如图 3-1-3 所示，在选股的时候，这种 MACD 指标黄白线进入 0 轴之下的个股，最好暂时回避。

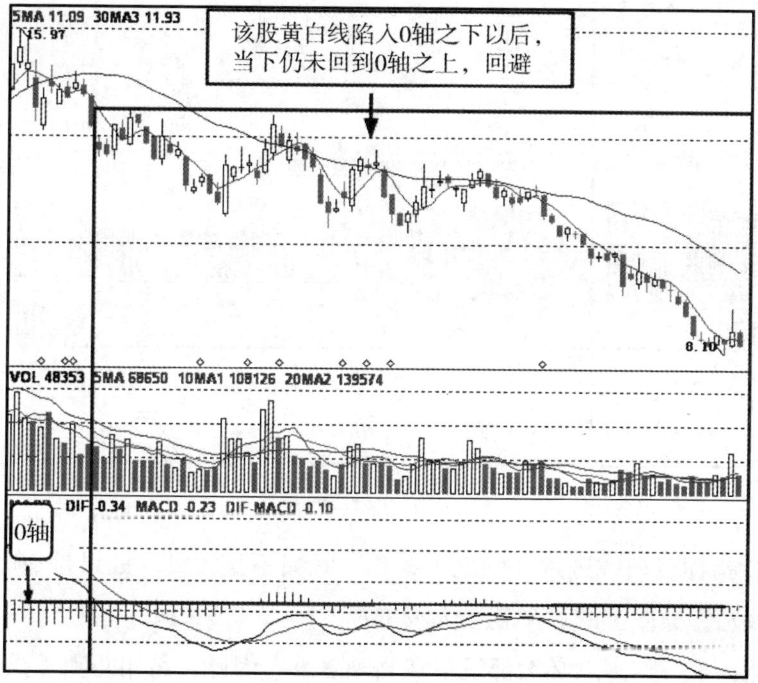

图 3-1-3

如图 3-1-4 所示，在操作的时候，上证指数 MACD 指标黄白线进入 0 轴之下，这一时期的市场（方框内）最好回避，空仓休息。

在实际操作中，运应缠论防狼术应注意以下两点。

（1）大盘（上证指数）MACD 指标黄白线进入 0 轴之下，这一时期的市场最好回避，空仓休息为宜。

（2）大盘（上证指数）MACD 指标黄白线未进入 0 轴之下，但个股 MACD 指标黄白线已进入 0 轴之下，也是空仓休息为宜。

运用防狼术时，还有一个级别的问题要引起注意。比如，一个 5 分钟级别

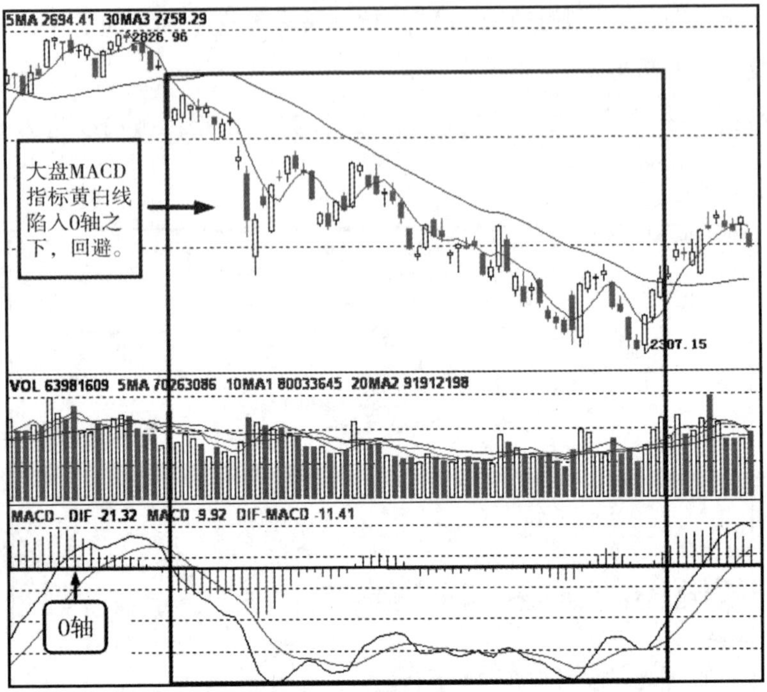

图 3-1-4

的 MACD 指标黄白线进入 0 轴之下，参考意义不是太大。如果是 30 分钟或日线以上级别，操作上的意义就会大大增加。

注意：第一类买点必然都发生在 0 轴之下，因此，运用防狼术操作，是不可能买到背驰点的，即第一类买点，甚至有时第二类买点也无缘参与，只能参与第三类买点。这虽然是一个局限，但第一类买卖点本质上来说就是一种抄底和逃顶的技术，需要极专业的操作，对于一些没有过硬掌握背驰判断技术的散户来说，不宜选用。缠中说禅也曾对此有所告戒：散户就当好散户，别整天想着抄底、逃顶，底都让你抄了，顶都让你逃了，那不是散户的人吃什么去？散户，一定要等趋势明确才介入或退出，这样会少走很多弯路。

一定要等趋势明确才介入或退出，这反映到技术指标 MACD 上，就是防狼术的实际运用。

二、高效买入法

“教你炒股票”108 课中，提供了一种中小资金高效买入的方法，在实际操作中有一定的借鉴意义。笔者在此试分析一下其方法。

市场中的任何股票品种，包括任何周期下的走势图，都可以分解成上涨、下跌和盘整三种基本走势类型的组合。上涨与下跌构成趋势，如何判断趋势与盘整，是判断走势的核心问题。

前面讲过，趋势包含两个以上同级别同向的走势中枢，盘整只包含一个走势中枢。走势则由趋势和盘整连接而成。根据不同走势类型的连接方式，走势可以划分为三种不同的情况，即 A. 陷阱式：上涨 + 下跌和下跌 + 上涨。B. 反转式：上涨 + 盘整 + 下跌和下跌 + 盘整 + 上涨。C. 中继式：上涨 + 盘整 + 上涨和下跌 + 盘整 + 下跌。

图 3–2–1 所示为陷阱式的两种连接方式：上涨 + 下跌和下跌 + 上涨。

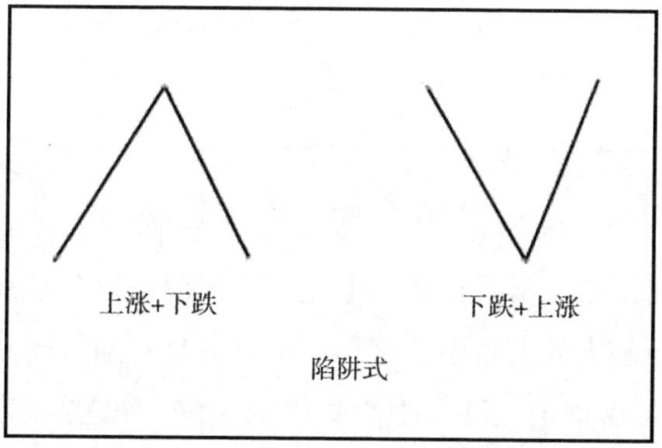

图 3–2–1

图 3–2–2 所示为反转式的两种连接方式：上涨 + 盘整 + 下跌和下跌 + 盘整 + 上涨。

图 3–2–3 所示为中继式的两种连接方式：上涨 + 盘整 + 上涨和下跌 + 盘整 + 下跌。

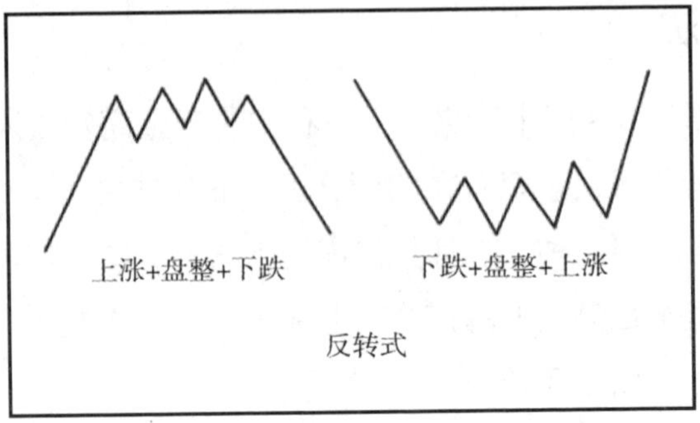

图 3-2-2

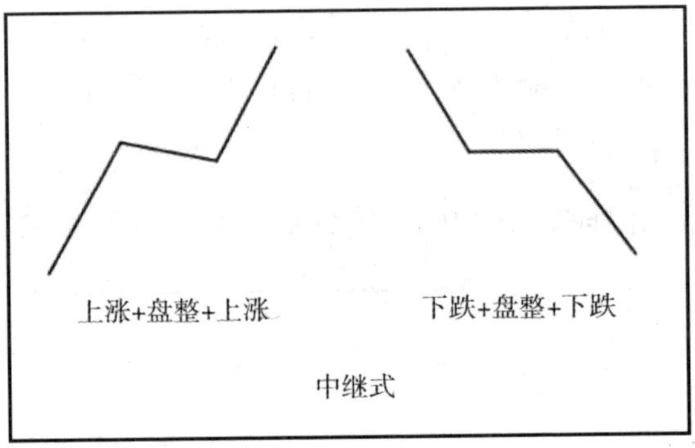

图 3-2-3

市场中的任何走势，都可以通过上述三类情况得以分解和研究。

在上述六种最基本的走势中，有买入价值的是：陷阱式中的下跌 + 上涨、反转式中的下跌 + 盘整 + 上涨、中继式中的上涨 + 盘整 + 上涨这三种。没有买入价值的是：陷阱式中的上涨 + 下跌；反转式中的上涨 + 盘整 + 下跌；中继式中的下跌 + 盘整 + 下跌这三种。

考察上涨之后的连接方式，不难发现，在一个上涨走势类型中买入，买入后的三种情况中，只有上涨 + 盘整 + 上涨的情况有利可图，而上涨 + 下跌、上涨 + 盘整 + 下跌这两种情况均有风险。因此，在一个上涨走势类型中买入，有价值的买入概率为 1/3。

考察下跌之后的连接方式，不难发现，如果在一个下跌走势类型中买入，买入后的三种情况中，下跌+上涨和下跌+盘整+上涨这两种情况均有利可图。只有下跌+盘整+下跌这种情况下有风险。因此，在一个下跌走势类型中买入，有价值的买入概率为2/3。

由上面的分析可知，在下跌走势类型中买入，其买入获利的概率明显要大于在上涨走势类型中买入。因此在操作的时候，要尽可能选择在下跌走势类型中买入。

在下跌走势类型中买入，仍然面临两个风险：一是该段跌势未尽，即原下跌走势类型没有完成；二是该段跌势虽尽，但盘整后出现下一轮跌势，即下跌+盘整+下跌。

针对下跌走势类型中买入面临的两个风险，采用下跌走势背驰来找第一类买点，就是要避开第一种风险，即防止在下跌走势跌势未尽的时候贸然买入。操作策略就是：下跌走势不出现背驰不进入。

在下跌走势中买入后，面临的第二个风险是出现下跌+盘整+下跌走势。如何避开这一风险？策略就是一旦其后出现盘整走势，可先行退出，这样既不参与盘整，浪费时间，又能规避盘整后继续下跌的风险。

总结：根据上面的分析，可以设计一种行之有效的高效买入方法，即在下跌走势背驰产生第一类买点时买入后，其后一旦出现盘整走势，无论后市走势如何，都马上退出。这种买卖方法的实质，就是在六种最基本的走势中，只参与下跌+上涨这一唯一高效的走势，也即所谓的V型反转。

对于值得参与的下跌+上涨走势来说，如果继续分析，那么，下跌前面的可能走势只有两种：上涨和盘整。如果之前是上涨，那么整个走势就构成上涨+下跌+上涨，这种走势在上一级别的图形中是一个盘整，因此这种走势可以归纳在盘整的操作中，可以按盘整的操作方法来操作。如果要讲求操作的效率，当下跌的前面是连接上涨时，这种图形的走势可以不予考虑。注意，不考虑不意味着这种情况没有盈利的可能，只是这种情况可以归到盘整类型的操作中。由于不参与盘整，暂且将这类情况予以排除。

如图3–2–4所示，下跌走势类型前面连接的如果是上涨走势类型，这种图形的走势可以不予考虑。

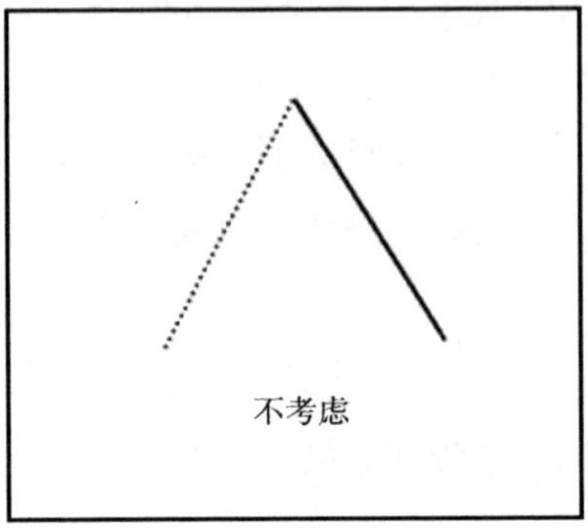

图 3-2-4

排除了下跌之前的上涨情形，下跌之前的走势类型就只剩下一种情况，那就是盘整。

从上面的分析可以很清楚地看到，盘整 + 下跌是唯一值得参与的一种高效走势。因为盘整 + 下跌型的走势出现第一类买点，显然这个下跌的要求是跌破前面的盘整区间的，否则就不会构成盘整 + 下跌型走势，只会是盘整。那么在该盘整前的走势，也只有两种走势：上涨和下跌。

如果盘整前的走势是上涨，那整个走势就构成上涨 + 盘整 + 下跌。这显然是上一个级别的一个盘整走势，不符合高效介入的条件。排除了盘整之前的上涨走势，那么剩下的情况就只有下跌了。

如果盘整前的走势是下跌，那整个走势就构成下跌 + 盘整 + 下跌。这样的情况，实际也就是上一级别的一个更大的下跌趋势。有趋势才会有背驰，这种情况下出现的第一类买点，才是符合高效操作方法要求的买入点。

综上所述，对于下跌 + 上涨走势的买卖方法来说，选择股票时只有唯一一种情况，那就是下跌 + 盘整 + 下跌这种类型，最后的下跌产生背驰后的第一类买点。

如图 3-2-5 所示，这种下跌 + 盘整 + 下跌的情况下若出现第一类买点，就是符合高效操作方法要求的买入点。

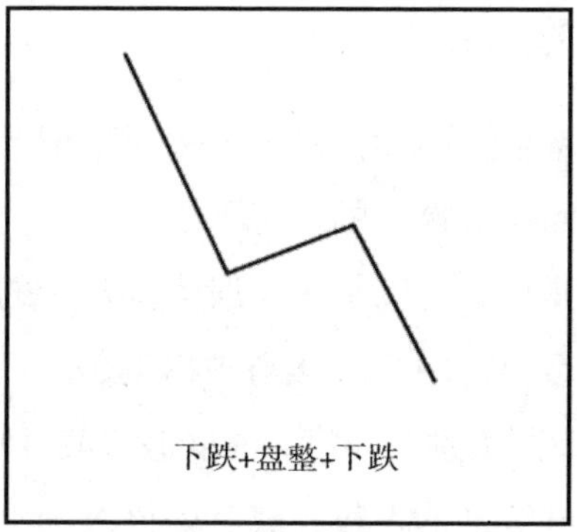

图 3-2-5

通过上面的种种分析，可以归纳出高效操作的标准程序。

（1）只选择出现下跌 + 盘整 + 下跌走势的情况。

（2）在该走势的第二段下跌出现第一类买点时介入。

（3）介入后，一旦出现盘整走势，坚决退出。

（4）买入后不出现盘整走势，先持有。因为这类股票将至少回升到下跌 + 盘整 + 下跌的盘整区域，有进而走出反转人行情的可能。

小结：缠论的高效买入法与缠论的防狼术是存在思想冲突的。防狼术要求 MACD 指标在 0 轴以上，而高效买入法要求寻找第一类买点，而第一类买点就是背驰点，必然产生在 MACD 指标 0 轴以下。

如何解决这一矛盾，笔者提供如下思路。

（1）对于背驰判断缺乏基础，对背驰把握有较大难度的投资者，不要求采用高效买入法，当以防狼术为保命策略。

（2）对于背驰判断有一定基础，但成功率仍然不高的投资者，可以采用防狼术 + 高效买入法组合策略。具体为在大级别上采用防狼术选择进入时期，比如日线周期上要求 MACD 指标进入 0 轴以上，而在小级别比如 5 分钟周期上采用高效买入法进行操作。由于大级别上采用了防狼术，这也等于给小级别的高效买入法提前上了一道保险。

（3）对于背驰判断已十分精通的投资者，不妨采用高效买入法。

三、利润率最大的操作模式

在股市获利，利润率最大的操作模式分为两种情况：一种发生在不换股的情况下，一种发生在不断换股操作的情况下。

不换股的情况下，操作始终以某一个股为固定标的。当个股中枢下移时，没有获利机会，获利机会只有中枢上移与中枢震荡。

显然，站在走势类型同级别的角度，中枢上移就意味着该级别的上涨走势。而中枢震荡，有可能是该级别的盘整，或者是该级别上涨中的新中枢形成后的延伸过程。任何市场获利机会，都逃脱不了这两种模式。

在操作级别的中枢上移中，只要牢牢持有股票即可获利，中枢上移不存在任何理论上的短差机会。中枢完成后向上移动时的差价是不能做的，这时候应该满仓待涨，直到这种上移结束，进入新中枢的形成与震荡。中枢上移等同于中长线，而中枢震荡则是短差的理论天堂。

中枢震荡时，只需在任何向上的离开段卖点区域走掉，再在其后中枢震荡向下的离开段买点区域补回来，如此反复。这里有一定的技术要求，就是对第三类买卖点的判断。如果出现第三类买点你不回补，那么就有可能错过一次新的中枢上移。当然，还有相当大的机会，是进入一个更大的中枢震荡，那样，你回补的机会还是有的。而一旦出现第三类卖点，就不能回补了，用判断中枢震荡力度的方法，完全可以避开其后可能出现第三类卖点的震荡。

这里必须注意，中枢震荡中出现的类似盘整背驰的走势段，与中枢完成后向上移动出现的背驰段是不同的，两者分别在第三类买点的前后。在出现第三类买点之前，中枢未被破坏，当然有所谓的中枢震荡。其后，中枢已经完成，就无所谓中枢震荡了。这一问题必须清楚，这是有严格区分的，不能搞糊涂了。

还有，在中枢震荡中，本质上是应该全仓操作的，也就是在中枢上方全部抛出筹码，在下方如数接回。当然，这需要很高的技术精度，如果对中枢震荡判断错误了，就有可能抛错了。所以对此不熟练的投资者，可以不全仓操作。但这里有一个风险，就是中枢震荡后，不一定就能出现第三类买点，可以直接出现第三类卖点就下跌，这在理论与实际中都是完全允许的。这样，如果在中枢震荡上方没有完全走掉，那么另一部分筹码就可能需要在第三类卖点处卖出，从而影响总体利润。

围绕中枢震荡操做差价的过程，是降低成本、增加筹码的大好机会。别小看中枢震荡的力量，这种方法用好了，比所谓的黑马盈利快而且安全，可操作的频率更高，实际产生的利润更大。

以上方法是对固定操作品种来说的，也就是不换股。还有一种更激进的操作方法，就是不断换股，也就是不参与个股的中枢震荡，只在第三类买点买入，一旦形成新中枢就退出。例如操作级别是 30 分钟，那么中枢完成向上时，一旦出现一个 5 分钟级别向下后，下一个向上的 5 分钟级别走势不能创新高或出现背驰或盘整背驰，那么一定要抛出，为什么？因为后面一定会出现一个新的 30 分钟中枢。用这种方法，往往会抛在该级别向上走势的高点区间。这种方法虽然激进，但如果市场没有可操作级别的第三类买点，那也只能等待。上一种方法则不需要这么强的市场条件，基本上除了最恶劣的连续单边下跌，连大点儿的中枢都没有的品种，其他都可以操作。

上述两种方法各有侧重，不可偏废，最好根据实际情况灵活运用。当有第三类买点时，就操作第三类买点。当找不到第三类买点时，就找一个中枢区间较大的个股操作中枢震荡。

相对于大资金来说，上述两种方法还需要再做特殊的处理。资金越大，利润率显然越低，因为很多级别的操作不可能全仓参与，这会影响到资金的总体利用率。一般来说，采用利润率最大的操作模式，小资金增长可以极为迅速，无论牛市熊市，最笨的人，完全随机挑股票，完全不找所谓的黑马，每年保持 200% 以上的利润一点也不是问题。如果技术精度高，即使在熊市里，每年来个 500% 的增长也是不难的。熊市里中枢震荡的机会反而多，而且大反弹，本质上也就是大级别中枢震荡的机会不少，处理好了，并不比牛市来钱慢。但这种增长只能维持几年，一旦资金大到一定程度，就会遇到资金增长瓶颈。如何突破该瓶颈，这是另一个问题。

四、中阴阶段及操作

缠论形态学的 K 线部分还提到过走势的一种特殊形态——中阴阶段。

所谓中阴阶段，就是一种走势类型出来后，无法确定下一步会转为何种走势类型，不知道是出现反转产生新的走势类型，还是延续原来的走势类型。

比如，一个走势类型的死亡，必然意味着另一个走势类型的产生。一个走势类型确认产生后，也就确认了前一个走势类型的死亡，同时也开始了面向死亡的过程。那么随后是继续延续该走势类型，还是再产生新的走势类型，这里存在一段不能确定的模糊走势。

如果说前一个走势类型的背驰或盘整背驰宣告了前一个走势类型的终结，那么到新的走势类型确立，这里有一个模糊的如同中阴身般的阶段。中阴阶段的存在，反映了行情走势生长阶段的不确定性。

如图 3-4-1 所示，至图中 A 处，一个上涨走势类型确立。之后虚线框内的走势，当下无法断定是这个上涨走势类型的延续，还是下一个新的走势类型的开始。这一走势不能确定的模糊时段，就是中阴阶段。

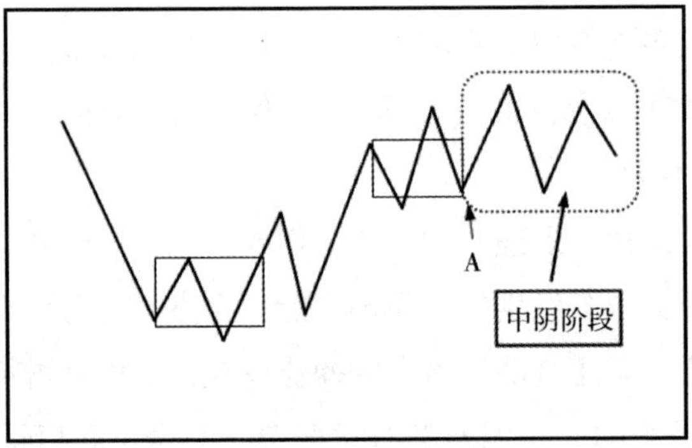

图 3-4-1

中阴阶段，从截取这一特殊阶段的形态来说，无一例外都表现为不同级别的盘整。

中阴阶段虽然表现为盘整，但关系到操作节奏的连接问题。中阴阶段虽然表现为走势中枢震荡，但并不是一般性的走势中枢震荡。行情走势的中阴阶段是多空齐杀，不断折腾转换，容易造成操作者节奏混乱，这一点要警惕。

之所以存在中阴阶段，在于市场发展具体形式在级别上有多种可能性。这些可能性的最终选择并不是预先设定好的，而是市场合力的当下结果，因此这里有不同的可能性。

图 3-4-1 中，中阴阶段结束后，不一定就是真正的反转，还可以是上涨走势类型的延续，之后再产生向上的新的走势中枢，使走势变成上涨 + 盘整 + 上涨；也不一定就是走势类型的延续，因为完全可以向下产生新的走势中枢，结束原来的走势类型，使走势变成上涨 + 下跌，任何结果都是合理的。

理解了中阴阶段的这个概念和性质，任何中阴状态都可以看成是一个中枢震荡的整理，操作上根据中枢震荡的操作原则操作就可以了。如果技术好，就在这个大的中枢震荡中按盘整走势操作一把。如果技术不好，就先出来观望，看市场最后是延续原趋势还是反转。等市场自己走出来后，再决定如何操作，这样就可以规避中阴阶段带来的风险，调节好操作节奏。

第四章　缠中说禅谈操作心态

一、十种不适合参与市场交易的人

心态对于市场操作的重要性是不能忽视的。有些人天性使然，到了关键时刻就是顶不住。比如，明明脑子里知道不能买了，但手就是发痒，不受控制。从某种意义上说，操作并不一定能磨炼出好心态，最好的办法就是退出。这里不妨给出几种不适合参与股市交易的人。

1. 耳朵控制大脑型

这种人一旦听到什么，可以完全不经过大脑思考，立即就由耳朵直接操纵手。如果每一次买卖几乎都是这样完成的，那么说明你根本不适合在市场上生存。

2. 疯狂购物型

这种人最大的特点就是可能只有几万元的资金，竟然可以拥有十几甚至几十只股票，什么股票都想拥有。不管哪只股票涨了，都会说我也有这只股票，以此来安慰自己。这种人也不适合参与股市交易。

3. 不受控制型

每次操作明明知道不对，就是控制不住自己。心里有一股顽劲，一到需要抉择的关键时刻，永远掉链子。这种人根本不适合参与股市交易。

4. 永远认错型

有一种人是典型的永远认错型，但死不改错。同样的毛病，可以永远犯下去，却永远改不了。在市场中，一个错误就足以致命。死不改错的人，是不适合参与股市交易的。

5. 祥林嫂型

这种人永远都是哀声叹气，甚至会演变成特别享受这种悲剧情调。参与股市不是来受罪的，何必这么折腾，不如及早离开。

6. 赌徒型

对于这种人来说，市场就是赌场。抱有这种心理参与股市交易，显然是不合适的。

7. 股评型

市场中喜欢吹嘘的人很多。有些人明明亏得一塌糊涂，却总是吹嘘自己赚了多少。对于这种人来说，股市不是用来操作的，而是用来侃，用来吹的。

8. 入戏太深型

这种人把股市波动当成看电视连续剧，每一个细微的变动都会让他情绪失控。上涨失控，下跌失控，盘整也失控。开盘 4 小时，煎熬 4 小时。这种人在市场上太累，还是回家看肥皂剧为好。

9. 偏执狂型

这种人爱认死理儿，一万头牛拉不回。偏执，对搞理论或其他研究工作可能影响不大，甚至有益。但在万变的市场中，偏执狂是没有活路的。

10. 赵括型

市场操作不同于纯粹的理论研究，市场就是市场。股市如同战场，赵括之流的人同样是没有活路的。

以上10种人是特别不适合在市场中生存的。当然，并不是有这种表现的人就一定要永远离开市场，关键是先要调整过来。所谓功夫在诗外，市场中也一样。真正能在市场中登顶并长期领先的，会是一个心理有顽疾的大傻瓜吗？

性格决定命运。要认清市场，首先要认清自己，知道自己的弱点在哪里。对自己在市场中的每个行为，都要有清醒的认识。每天收盘后用10分钟时间，把自己当天的操作以及看盘时的心理过程复一次盘，这是十分必要的。

二、缠中说禅谈赌徒心理

所谓赌徒心理，简单地说，就是输了还想再把输掉的赢回来，赢了还想继续赢下去，使自己的占有欲得到进一步的满足。

市场中致命的敌人之一，就是赌徒心理和赌徒思维。如果你以赌徒心理参与股市交易，那么你的结局就已经注定。就算你现在还没在锅里，那也只是养肥了再煮而已，结局都一样，不会有什么区别。

1. 赌徒心理的特点

（1）几乎绝大多数的人进入股市时，根本不知道股市是什么，然后就不断投入。最后有些人输红了眼，砸锅卖铁全部投进来了。

（2）预设一个虚拟的目标，一个想象中的目标，完全无视股市本身。

（3）有人亏钱了，然后就想，等反弹到某某价位一定出来，以后不玩了。这种想法其实也是赌徒心理在作祟。

（4）怕失去机会，怕失去了赚大钱的机会。时刻都在想：万一走错了怎么办？万一走了还涨不就亏了？诸如此类。

2. 赌徒心理的表现

（1）砍了又追，追了又砍，完全被一股无名的引力牵引，就往那鬼窟里去了。这种所谓杀红了眼的人，最后结局就是被市场消灭。

（2）不敢操作。看到机会到来，犹豫害怕。等市场真正起来了，又后悔没有及时进场，然后在多次犹豫之后终于下决心追了进去。5 元不敢买的，过段时间涨到 50 元都敢买，结果又被杀跌套牢。

（3）听消息，找捷径，以为这世界上总有一个馅饼能砸着自己。就算偶尔能吃到点儿“馅饼”，但是抱着这种侥幸心理能一直在股市中生存吗？

（4）我要赚钱买房子，买车子。投入股市之后，就想着很快把装修的钱赚回来，把买车的钱赚回来。可悲呀，你以为股市是提款机？

3. 赌徒心理的纠正

（1）股市只是生活的一部分，仅此而已。如果有十足的把握，你可以选择进入。如果没有十足的把握，你可以选择离开。

（2）在股市中生存，从来就不是靠一次暴富得到利润的。暴富之后，最后倾家荡产的例子却很多。

（3）股市中，真正的成功都是在严格的操作下完成的。操作失误了没有什么大不了，市场机会不断涌现，错过了就错过了，后面仍有无数的机会。一个严格的操作程序足以保证你长期成功。

（4）你要用零成本投入。当然，实际上也没必要这样严格。你可以把你完全不影响生活的钱拿出来，告诉自己，这就是你唯一的资本，你没有后援和退路，然后就用这些成本来创造你自己的神话。

（5）绝不追涨杀跌。

为何下跌不敢买却敢卖？——因为恐惧：后面还会跌的！

为何上涨不卖出却追买？——因为贪婪：后面还会涨的！

还有一种死猪不怕开水烫的——套了我就放着，三五年也没有问题。可怜的是：一朝解套，立马卖掉——再被套怎么办？结果卖了以后大涨，怎么办？——又以更高的价位再追进去！这回被套的价位更高——也许终生都不得解套了！

（6）克服恐惧和贪婪就是战胜自己，这才是股市取胜的根本要义！

缠论就是一套跌买涨卖的操作方法——跌出买点就买，涨出卖点就卖，如此而已。

三、缠中说禅谈买卖

（1）买点总是在恐慌的下跌中形成的，但只要有买点出现，就要义无反顾地买进。

（2）上涨总在不同情绪的交织中进行，抵抗住各种情绪的干扰，用钢铁般的意志把股票持住，决不中途下车。

（3）卖点总是在疯狂的上涨中形成，只要卖点出现，手起刀落，让股票见鬼去。

（4）任何操作失误只是一次跌倒。跌倒就爬不起来的，绝对不可能是钢铁战士。失误就要总结，绝对不让同一个错误犯上两次。

（5）买错比卖错严重。一旦确认买错了，一定要手起刀落，让股票见鬼去。如果市场给你一次改正错误的机会，你没有把握住，也就是第二类买卖点出现时还没执行，那就买豆腐回家。如果市场给你第二次改正错误的机会，你没有把握住，也就是第三类买卖点出现时还没有执行，那就直接回家磨墙。

（6）在股市里，只有自己才能帮助自己。被股市毁掉的是你，战胜股市的也是你。你比市场强悍，市场就是你的，否则你就是市场的点心。

（7）踏准市场的节奏，就可以在“刀山火海”中逍遥游玩。卖点是在涨的时候出现的，不是追杀出来的。如果你砍了地板价，那一定不是在卖点上。只要是赚钱的，就没有卖错。宁愿卖早，不要卖晚。如果卖错了，就不看这股票，除非有新的买点。

（8）买点买，买点只在下跌中出现，没有任何股票值得追涨，如果你追涨被套，那是活该；卖点卖，没有任何股票值得杀跌，如果你希望瘦身，那就习惯砍仓杀跌吧。

（9）即使你搞不懂什么是买点卖点，但有一点是必须懂的，就是不能追涨杀跌。就算是第三类买卖点，也是分别在回调与反弹中形成的，哪里需要追涨杀跌？

（10）市场的节奏只有一个，那就是买点买、卖点卖。这么简单的问题，但遵守的人从来能有几个？是什么阻止了你倾听市场的节奏？是你的贪婪与恐惧！买点，总在下跌中形成，但恐惧阻止了你；卖点，总在上涨中形成，但贪婪阻止了你。一个被恐惧与贪婪支配的人，在市场中唯一的命运就是：死！

（11）踏准股市的节奏，就可以在“刀山火海”中游玩。

四、缠中说禅谈预测

市场中任何关于预测的理论，其最大的原理就是测不准。那些喜欢预测的人，通常都是些神经过敏，操作水平低下，却特别喜欢忽悠之辈。

可能有人要说，很多人都有过预测准确的经历，这又是为什么？其实，这不过是一个概率事件。因为走势可以发生的情况，按任何标准来分类，其可能情况都是有限的。一般来说，就是三四种情况。而喜欢玩预测游戏，到处宣布自己预测如何如何准的人非常多，瞎猫还能碰到死耗子，一两次预测准确能说明什么？况且，就算有人能连续几次碰对了，也依然在概率的范围内，并不是他真正具有未卜先知的本事。

真正的预测，只能是不测而测。

不测而测的基础，就是分类，把所有可能的情况进行完全分类。

有人可能说，分类以后，把不可能的排除，最后一个结果就是精确的。这也是幼稚的想法。须知任何的排除，等价于一次预测。每排除一个分类，按概率的乘法原则，就使得最后的所谓精确变得越不精确，最后还是逃不掉概率的套子。

所以，对于预测分类的唯一正确原则，就是不进行任何排除，而是严格分清每种情况的边界条件。

任何的分类，其实都等价于一个分段函数，就是要把这分段函数的边界条件个个确定清楚。例如下面的函数：$f(x)=-1$，$x\in(-\infty,0)$；$f(x)=0$，$x=0$；$f(x)=1$，$x\in(0,\infty)$，关键要搞清楚 $f(x)$ 取某值时的 x 的范围，这个范围就是边界条件。在走势的分类中，唯一可以确定的是不可能取负值，也就是从 $[0,\infty)$ 进行分类，把该区域按某种分类原则分为 N 个边界条件。

确定好分类，然后根据分类制订相应的操作原则。比如把走势区间分成跌破与不跌破两种，然后预先设定跌破该怎么干，不跌破该怎么干。这就是最本质的预测——不测而测，让市场自己去选择。当市场选择了不跌破，那就继续持有。当市场选择了跌破，那就清仓。

真正的操作者，都有一套完整的操作原则。按照原则来操作，这就是最好的预测。

如果你把跌破的情况下该干什么预设好了，把不跌破的情况下该干什么也预设好了，那么，当前一种情况没有成为事实，就是后一种情况成为事实，那就该干什么便干什么。

因此，问题不是去预测什么，而是确定分段边界。有了分段的边界原则，按着操作就可以，还需要预测什么？又有什么可预测的？

那么，本理论中的分型、笔、线段、中枢、走势类型、买卖点等，是不是预测呢？是也不是。因为本理论意义下预测的本质，是最好的一套分段原则。这一套原则，可以随着市场的当下变化，随时给出分段的信号。按照本理论，其实在任何级别都有一个永远的分段：x= 买点，买入；x= 卖点，卖出；x 属于买卖点之间，就持有。这持有的种类，如果前面是买点，卖点没出现，就是股票，反之就是钱。

给出分段函数，就是给出最精确的预测。所有的预测都是当下给出的，这才是真正的预测。这种预测，不需要任何概率化的无聊玩意儿，也没有所谓预测成功的忽悠或兴奋。这种预测的成功每一当下都发生着。

五、缠中说禅谈风险

首先要搞清楚什么是市场的风险？对于风险，前面可以带上不同的限定语，比如政策风险、系统风险、交易风险、流通风险、经营风险等。但站在纯技术的角度来说，一切风险都必然体现在价格走势上。所有的风险，归根结底都反映为价格波动的风险。

股票市场中，唯一的活动其实就是钱与股票的交换运动。股票唯一的功能就是一张能让你把一笔钱经过若干时间后合法地换成另一笔钱的凭证。对于你投入的钱来说，那些能让你在下一时刻变成更多的钱出来的凭证，就是有价值的。相反，那些不能让你在下一时刻变成更多钱的凭证，就是无价值的，是有风险的。

要使你的股票交易没有任何风险，唯一的可能，就是你拥有一个负购入成本的凭证，即你手里拥有的股票是零成本或负成本。什么是真正的、永远不败的高手？就是有本事在相应的时期内把任何的股票购入成本变为负价格的人。缠论在本质上只探讨一个问题，就是如何把任何价格的凭证，最终都使其购入成本在足够长的时间内变成负数。

任何的市场波动都可以为这种让凭证最终变成负数的活动提供正面的支持，无论是先买后卖还是先卖后买，效果都是一样的。但很多人只会单边行动，不会来回运动，这都是坏习惯。市场无论涨还是跌，对你来说永远都是机会，永远可以在买卖之中。只要有卖点，就要卖出；只要有买点，就要买入。唯一需要控制的，就是交易的数量。

站在技术操作这个角度，股票是无须选择的。唯一值得选择的就是波动大的股票。对于资金量小的投资者，完全可以全仓进出，游走在不同的股票之间。这样的效率当然是最高的。一笔投入时间足够长的钱，加上熟练运用本理论，就等于战无不胜。这样一来，股票市场哪里又有什么风险？

政策风险是一个非系统性风险。这种风险也会对市场产生一定影响，它的最终结果决定于价格与价值的相关关系。当市场进入低估阶段，就要更注意向多政策的影响，反之，在市场的泡沫阶段，就要更注意向空调控的影响。尤其是政策出现硬调控时，会具有相当大的杀伤力。因此，一旦向空的政策硬调控出现，则要在一切可能的机会里尽快出逃。历史上，任何向空硬调控的出现，后面即使调整空间不大，时间也会短不了。

六、缠中说禅谈资金管理

对于小资金来说，资金管理还不算一个特别大的问题。但随着盈利的积累，资金越来越多，资金管理就成了最重要的事情。

所有的短线客，在资金发展到一定规模后，就进入滞涨状态。一旦遇到大级别的调整，就容易被打回原形。因此，在最初就养成良好的资金管理习惯，是极为重要的。投资是一生的游戏，被打回原形是很可悲的事情。

有好的资金管理，才能保证资金积累的长期稳定。在某种程度上，这一点比任何技术都重要，而且是越来越重要。对于大资金来说，最后比拼的，其实就是资金管理的水平。

资金必须长期无压力，这是最重要的。有人借钱投资，然后盈利后还继续加码，结果都是一场游戏一场梦。一笔无压力的资金，是投资的第一要点。

另外一个，就是自己的资金一定不能交给别人管理。自己的盘子，一定要自己负责，不能把自己的命运交给别人。不能把自己放置在一个危险的境地。

所谓背水一战、置之死地而后生，都不是资本市场应该采取的态度。这样的态度可能一时成功，但最终必然失败。

技术分析的重要意义，在于让你知道市场究竟在干什么，市场在什么位置该干什么，让你知道一个建立的仓位如何持有，如何把一个小级别的持有逐步转化为大级别的持有，如何安全地退出。这一切，最终都是为资金管理服务的。

投资的最终目的不是股票本身，而是资金的增长。没收回资金，一切都没意义，股票都是废纸。对资金的任何疏忽，都会造成不可挽回的损失。

必须明确的是，多大的资金，在市场中都不算什么。在市场中，资金是按比例损失的，一万亿元和一万元，按比例损失，变成零的速度是一样的。无论多大的资金，要被消灭，可以在举手之间。因此，永远保持高度的警觉，这是资金管理最重要的一点。没有这一点，一切管理都是无用的。

一个最简单又最有效的管理，就是当成本为零以前，要把成本变为零；当成本变成零以后，就要挣股票，直到股票见到历史性大顶，也就是至少出现月线以上的卖点抛出。

最坏的习惯就是随着股票的上涨不断加仓，这样一定会出问题。买股票，宁愿随着下跌不断地买，也绝对不能往上加码。

投入资金买一只股票，必须有仔细、充分的准备。这如同军队打仗，不准备好怎么可能赢？当基本面、技术面等方面都研究好了，有了把握，介入就要坚决，一次性买入。如果你连一次性买入的信心都没有，证明你根本没准备好，那就一股也不要买。

买入以后，如果技术过关，马上上涨是很正常的。如果下跌了，除非证明你买入的理由消失了，技术上出现严重的下跌形态，否则一股都不能抛。

可以用部分机动资金去做点儿短差（注意，针对每只买入的股票，都要留部分机动资金，例如 1/10），让成本降下来。但每次短差一定不能增加股票的数量，这样成本才可能真的降下来。有些人越买越多，其实这不是什么好习惯。这只股票该买多少，该占总体资金的多大比例，一开始就应该研究好，投入以后就不能再增加。

当股票开始上涨后，一定要找机会把股票的成本变成零。除了途中利用小级别波动不断做短差外，还要在股票达到一倍升幅附近找一个大级别的卖点出掉一部分，把成本降为零。这样，原来投入的资金就全部收回来了。

有人可能要说，如果那只股票以后还要上涨 10 倍呢？这也没问题，当股票成本为零以后，就要开始挣股票。也就是利用每一个短差，上面抛了以后，在下面全部补回来，这样股票就会越来越多，而成本还是零。这样，这股票就算上涨 100 倍，越涨你的股票就越多，而成本永远为零。这种方法是庄家、基金最害怕的。庄家、基金无论如何洗盘，都使得你的股票越来越多，而你的成本却是零。

这是资金管理中针对每只股票的最大原则。按照这个原则，你不仅可以得到最安全的操作，而且可以赢得最大的利润。特别是在挣股票的阶段，一般一只股票盘整的时间都占一半以上。如果一只股票在上涨后出现大型盘整，只要超大级别卖点没出现，这个盘整会让你不仅把抛掉的股票全挣回来，而且比底部的数量还要多，甚至多很多。一旦股票再次启动，你就拥有比底部还多但成本为零的股票，这才是最大的黑马，也是赚钱的最大利器。

一个合理的持仓结构，就是拥有的零成本股票越来越多，一直游戏到大级别上涨结束以后。例如这轮大牛市 ，直到牛市结束前，才把所有的股票全部清仓。而资金可以不断增加参与的股票品种，把这个程序不断地做下去。这样，操作的资金不会增加，特别对大资金来说，不会经常被搞到去当庄家，或钱太多，买了没人敢进来，这样就不会增加操作的难度。股票品种越来越多，但成本都是零。这样才会有一个最稳固的资金管理基础。

七、缠中说禅谈操作

关于操作，以下几点是需要注意的。

（1）最终结果取决于价格与价值的相对关系。当市场进入低估阶段，就要更注意向多政策的影响。反之，在市场的泡沫阶段，就要更注意向空调控的影响。

（2）最终的盈利都在于个股。一个具有长线价值的个股，是抵御一切中短期分力的最终基础。个股对应企业的好坏与成长性等，是一个基本的底线。只要这个底线不被终结，那一切都不过是过眼云烟，而且中短期的波动反而提供了长期介入的买点。

（3）注意控制仓位。现在透支已经不流行，但借贷炒股还是不少见，这是绝对不允许的。把资本市场当赌场，永远也入不了资本市场的门。进入泡沫化阶段后，应该坚持只战略性持有，不再战略性买入的根本原则。这样，任何的中短期波动都有足够的区间去应对。

（4）养成好的操作习惯。只有成本为零才是安全的，这大概是彻底逃避市场风险的唯一办法。

（5）贪婪与恐惧都是制造失败的祸首。如果你保持好的仓位，有足够的应对资金以及低成本，那么就让市场的风把你送到足够远的地方。你可以对政策保持警觉，但没有必要对政策如惊弓之鸟，天天自己吓自己。

（6）不要企望所有人都能在硬调控出台前提前一天跑掉。政策的公平性已越来越高。即使有能力预先知情，对于大资金来说，能够反应的时间也越来越少，基本上没有足够的时间去全部兑现。

（7）必要的对冲准备，例如权证等。

（8）一旦政策硬调控出现，则要在一切可能的机会出逃。在历史上，任何硬调控的出现，后面即使调整空间不大，时间也是短不了。

（9）关键还是要在上涨时赚到足够的利润。如果你已经赚到足够多的利润，即使因为非系统风险损失一部分资金，那也是可以接受的事情。成为市场的最终赢家，和是否提前一天逃掉毫无关系。心态放平稳，关键是做到及时反应，而不是神经叨叨的预测。

第五章　如何认识和运用缠论

缠中说禅在博客中说：理论的探讨，是为了树立操作的信心，当然，还为了对走势有一个精确的分析去指导操作，但其心理层面的意义也是极为重要的。这绝对不能迷信，因为相信本ID而相信本ID的理论，那就是绝对的脑子进水了。而是要从道理、逻辑等方面彻底搞清楚。

本着缠中说禅倡导的这种科学探求精神，笔者多年来对整个缠论体系进行了认真细致的研究和考证，客观上认为缠论是一种具有一定科学性，可以启发和指导实际交易的较为先进的技术理论。它既不是“非缠者”所指责的那样满纸忽悠，也不是“拥缠者”所吹捧的那样神乎其技。“教你炒股票”108课阐述的分析内容，既有合理的值得吸收、学习的思路和方法，也存在零乱、模糊、艰深、矛盾等缺陷。学习缠论不能囫囵吞枣、不加辨别地“唯缠是尊”，而应放开眼量，采取拿来主义的态度，扬长避短，正本清源，为自己吸收和采用。

缠论作为一种技术理论，从交易品种的K线图表和技术图表入手，采用几何的方式，结合动力学的背驰来寻找买卖点，其思路无疑是值得推崇的。其采用科学的完全分类方法，用以全面分析市场的运行结构和规律，切入点无疑是正确的。但是，缠论的内容较为庞杂，而且该技术理论又是作者以博客的形式边写边即时公布的，自然在理论体系的布局和措置上，存在未全面复核和考证的缺陷，语言稍欠严谨，定义亦未经反复推敲。作为技术分析的一家之言，缠论可谓精深博大，有优于其他技术分析的地方，但绝对不是完美无缺的理论圣典，也不是能让交易者一朝暴富的圣杯。正确地看待缠论，才会使读者在学习和使用中收获更多。

为了使缠论体系更加完善，笔者根据多年参研缠论的心得和体会，将个人对缠论中一些颇感困惑和难解的地方，以及一些不同的看法和认识，在本书尾部罗列出来，留给读者们分析和思考。

一、缠论的高等数学表达方式是否必要

缠论欲以高等数学的方式来解构市场走势，文中有部分定义和讲解都采用了数学语言来表达，笔者认为这一方式值得商榷。

其一，缠论中的许多概念和内容，并非一定要借助于数学语言才能说清楚。

其二，由于市场走势的复杂性，许多关键概念和定义，实际上根本无法量化。用数学语言来解析市场，只能虎头蛇尾，中道崩殂。

采用高等数学语言，妄图使理论具有数学逻辑的严密性，除了平添读者的理解难度，使简单的东西变复杂，浅显的内容变高深，实际意义并不显著。

其三，缠论追求精确，但很多地方只能做到模糊的精确。比如，缠论中的笔、线段、中枢、买卖点、背驰等内容，都无法用准确的数学方式加以量化。永远不可能找到一个数学公式来计算出背驰点具体是多少，买卖点具体在哪儿。如果真有，那么只要设定程序，做成软件，让计算机来执行交易，就可以赚到盆满钵满了。现实中哪里会有这样的好事！

除了“数学”语言，缠论中还经常使用“佛学”用语，实际上这些都只是缠中说禅巧借的修辞手法，足以迷惑读者，是让广大“缠迷”崇拜和神化缠论的一种包装和道具，其华丽的外面下隐藏的技术内核，只有撕掉包装，才能显示出来。

二、缠论在概念描述上的诸种缺失

缠论是由各种概念构建起来的理论殿堂，但在概念的描述上，存在不同标准、定义过宽、定义过窄和循环定义等毛病，因此难免产生歧义和争论，需要不时修补。

1. 笔定义缺陷

缠论中的笔有“新笔”“旧笔”之分。对于笔的定义，前后标准并不一致，到底如何取舍，缠中说禅也没有给出明确的说法，这必然会使读者在实际划分和分析中产生困惑。

划出笔和不划出笔，对之后的走势分析，产生的影响肯定是不同的，也有不小的出入。

如图 5-2-1 所示，BC 按旧笔定义不算笔，按新笔定义算笔。如果 BC 算笔，那么 AD 就是线段。如果 BC 不算笔，那么 AD 就不是线段，而只是一笔。因此根据不同的定义，分析结果的出入是相当大的。

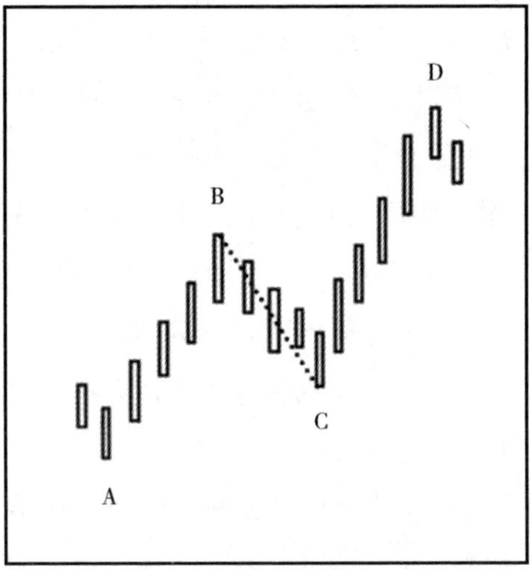

图 5-2-1

缠论中给笔下定义时，只关注了时间的价值，比如要求顶底之间有多少根 K 线，却没有重视空间的价值和意义。也就是说，缠论只关注了时间度的概念，却忽略了空间度的概念。这种定义过窄的缺陷，读者在用笔定义对走势进行分析时，难免会有片面性，使其笔定义在科学性和完整性上严重失分。

笔者用一个图例来说明这种缺陷。

如图 5-2-2 所示，按照缠论笔的定义，不管新笔旧笔，图中 AB 为一笔，而CD却不能算一笔。但CD在走势中的上涨幅度明显大于AB。AB在分析中受到重视，而CD在分析中却遭到舍弃，这样分析出来的结果，其合理性不让人质疑吗？

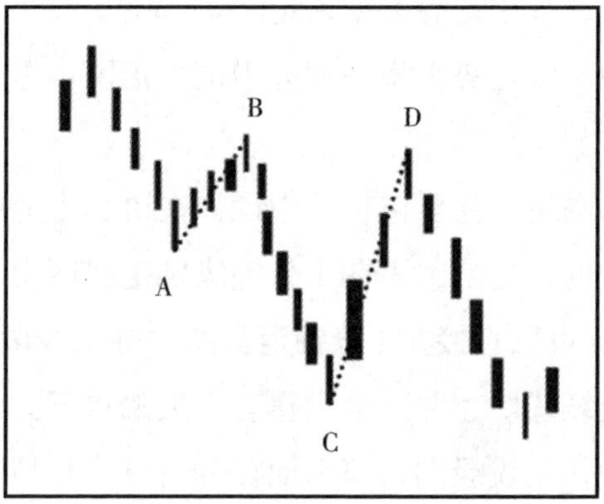

图 5-2-2

2. 线段的多标准和作用

缠论中对于线段的定义和解说花了很多时间、精力和篇幅。线段是缠论中一个相当重要的概念，但是，同样由于定义过宽，没有抓住有效线段这一特质，因而无法直接按照定义来划分走势中的线段，需要重新强调和说明划分标准。但是新划分标准也具有多义性，更使得线段概念扑朔迷离，各种意外情况不期而至。更令人疑惑的是，缠中说禅花费了大量时间和精力重点论述的线段，在缠论体系中却并没有发挥多少实际作用。直到缠论中走势中枢的定义犯下循环定义的矛盾，无法用走势类型来确定中枢，最终需要借助最小级别的线段来定义中枢，然后通过递归找出高级别的中枢。如果不是这点儿作用，那么线段的价值和意义真不知从何处体现。

定义出线段而不能充分利用线段来帮助操作，尤其是三类买卖点无一与线段直接相关，那么线段的作用真的要大打折扣了。

3. 走势中枢定义的循环矛盾及复杂性

走势中枢定义的循环矛盾，前文已经有所论述。虽然缠中说禅试图用级别来化解这一矛盾，但终归是徒劳的。实际操作起来，最终仍然只能在最小级别中借用线段来定义走势中枢。

缠论认为用线段定义出最低级别的走势中枢之后，高一级别的走势中枢就都可以利用递归原理，采用走势类型来定义了。这一设想从理论上来说是成立的，但在实际操作中，以走势类型来划分中枢，仍困难重重，麻烦不断，尤其是在高级别的操作中。

很多讲解缠论的网站，甚至包括缠中说禅在讲解走势中枢时，都是用1分钟走势图来进行解说的，这是由于在1分钟级别走势图中，是用线段来定义走势中枢的。也就是说，可以直接在1分钟走势图中标出线段，找出三个上—下—上或下—上—下的连续线段，并不会觉得有太大的难度。

假如操作者是操作日线级别，那么他在分析日线行情时，首先就要找出日线级别的走势中枢，这对于用缠论来指导操作十分重要。按照定义，要找出日线级别的走势中枢，就必须先找出次级别即30分钟级别的三个连续走势类型，要找出30分钟级别的走势类型，又必须先找出30分钟级别的走势中枢，要找出30分钟级别的走势中枢，又必须先找出次级别即5分钟级别的三个连续走势类型，要找出5分钟级别的走势类型，又必须先找出5分钟级别的走势中枢。要找出5分钟级别的走势中枢，就必须先找出次级别即1分钟级别的三个连续的走势类型。实际上，由于软件的局限性，此时已无法再下推，1分钟级别的走势类型只能由线段取代。一个日线级别的操作者，要分析每一只股票的日线级别行情，都需要从1分钟级别层层递归，层层标记，想想这是多么麻烦和头痛的事。

日线级别的走势中枢虽然理论上最终可以从1分钟级别开始往上层层递归找出，但这种递归过程极度复杂和繁琐。由此也说明，无论要找出哪个级别的走势中枢，如周级别、日级别、30分钟级别，最终都要追溯到1分钟级别上来。离开1分钟级别，划分走势中枢寸步难行。因而，以走势类型来定义走势中枢的缠论，永远只能活在1分钟级别里。

如果用线段来定义走势中枢，直接以时间周期图为级别，相对来说就简便多了。比如说要找到日线级别的走势中枢，只需要打开 30 分钟级别的走势图，找出上面三个连续的线段就可以了，完全不必再往下递归到 5 分钟级别和 1 分钟级别走势图。

用走势类型来定义走势中枢，导致无数“缠迷”在划分走势中枢时不得要领，各人划出的中枢各不相同。如果不改变这种混乱、复杂的状况，缠论将会越来越让人纠缠不清。

4. 中枢的意义和价值

中枢对于买卖点的参考作用，在形态上起到一个坐标的作用，是买卖点的一个有效参照物。如果做不到这点，那么中枢的价值就形同虚设。

对于第三类买卖点，中枢的参照作用是比较明显的。就是次级别的回调低点不跌入或升入中枢区间，跌入或升入就不算，这是一个从形态上可以准确判断的参照买卖点，其参照标准就是中枢的 ZG 或 ZD。据此可以得出一个明白无误的结论：任何 ZG 之下或 ZD 之上的点，都不会是第三类买卖点。

和第三类买卖点不同，中枢对于第二类买卖点的参照作用形同虚设。因为第二类买卖点可以在中枢的任一位置，可以在中枢之上、之中和之下。按照缠中说禅的说法，第二类买卖点在中枢的任何位置都是合理的，那么相对于第二类买卖点来说，中枢实际上不具备任何参考价值。因为划分出的中枢，对确认何处是第二类买卖点没有任何形态上的帮助。

第一类买卖点必然在中枢之下或之上产生，这一点看似中枢对于寻找第一类买卖点有一定参考价值，实际上意义也不大。下面以第一类买点为例说明。

第一类买点的定义：某级别下跌趋势中，一个次级别走势类型向下跌破最后一个走势中枢后形成的背驰点。

首先，这里的最后一个中枢看似可以作为准确的参照物，但“最后”一词却包含未来函数。因为某级别下跌趋势中，当一个次级别走势类型刚向下跌破中枢时，你无法准确认定这个被跌破的中枢就是最后一个中枢。最后一个中枢可以是下跌以来的第二个中枢，也可以是第三个中枢，甚至可以是第四个、第五个、第 *N* 个中枢。这种情况下，用来确定是否产生第一类买点，主要依据的是背驰判断。是否产生背驰，是确立第一类买点的关键。另外，下跌中的背驰点都是最低点，必然存在于中枢之下。因此划定中枢对判断第一类买点的参考作用甚微。

划分出中枢，唯一的作用是判断背驰时用来参考对比前后两段的力度。某些背驰判断方法中，需要将中枢作为参照物，这就是走势中枢对于第一类买点的间接作用和价值。

从上述分析可以看出，走势中枢仅对第三类买卖点有直接参照作用，对第一类买卖点有间接参照作用，而对第二类买卖点几无参照作用。因此，费了九牛二虎之力划分出来的走势中枢，在形态上却对确定第二类买卖点毫无帮助。这应归究于走势中枢，还是第二类买卖点定义上的原因，只好留给读者去思考了。

另外，虽然走势中枢对于第三类买卖点最有直观参照作用，但是，某种情况下，当连接两个同级别“缠中说禅走势中枢”的不是次级别，而是次次级别或者次次次级别时，依据缠中说禅第三类买卖点定理（一个次级别走势类型向上离开缠中说禅走势中枢，然后以一个次级别走势类型回试，其低点不跌破 ZG，则构成第三类买点；一个次级别走势类型向下离开缠中说禅走势中枢，然后以一个次级别走势类型回抽，其高点不升破 ZD，则构成第三类卖点），此时第三类买卖点因为没有次级别，也就无从捕捉。如果将定理中次级别扩充至次次级别或次级别以下级别，无疑又会使第三类买卖点产生多义性，增加判断的复杂性。另外，更小的级别下，捕捉难度系数也会加大，第三类买卖点可能稍纵即逝，等发现时早已远离中枢，绝尘而去。

5. 背驰精确与否

从实用的角度出发，缠论最终要解决的是买卖点问题，而所有的买卖点都与背驰密切相关，因此，背驰也可以看成缠论中最核心的问题。不能掌握背驰判断，就无法完成临门一脚。

利用背驰判断，把握买卖点时能否做到精确，缠中说禅也语言模糊，在某些篇幅里说可以完全精确，而在另一些篇幅里又闪烁其辞。

事实上，如果没有一个完整的数学公式来计算出精确的背驰点，仅凭人们的经验和眼光来判断背驰，要做到完全精确，只能是神话。人的主观因素太多，会受到各种各样因素的干扰，何况所有背驰判断方法本来就是一种经验总结，属于大概率事件，说不上有百分之百的必然。当然，正确的理论指导加上长期的观察和实践，无形中能提高判断的精确度。

另外，在背驰判断的同时，引入其他参照系统，如综合形态学来分析，会使判断结果更加可靠。如借助中枢区间的ZG来判断第三类买点，借助中枢区间的ZD来判断第三类卖点，这样的综合判断无疑会使结论可靠性更高。但无论背驰判断的可靠性多高，判断失误的“黑天鹅”永远无法排除。

三、如何认识和看待技术理论

证券市场是金钱堆积起来的市场，而技术图表则是金钱流动的足迹。通过金钱的真实足迹，在无序的市场中找出相对有序的规律并加以利用，这便是技术交易者把握胜算的重要方法，也是十分必要的战术方法。

技术分析不是万能的，但没有技术分析是万万不能的。市场上五花八门的技术分析方法很多，如经典的道氏理论、波浪理论、混沌理论、反射理论、亚当理论。这些理论好坏如何？与缠论相比，哪一种更为高明？

投机大师亚历山大·埃尔德说过：　位市场技术分析者，必须超越党派的认同感，不可以厚此薄彼，偏向一方，仅以追求真理为目标。

一方面，技术理论的优劣，更多地是理论体系相对精确度的比拼。谁的胜率更大，可靠性更高，规律性更强，实用性更好，谁就是好理论。另一方面，无论哪种技术理论，能指导你从市场中长期盈利的，就一定是适合你的好理论。不能指导你从市场中长期盈利的，就一定是有问题或需要改善的理论。

缠论作为技术分析的后起之秀，站在道氏理论、波浪理论及混沌理论的肩上，总结并吸收了这些理论的精华，可谓前承先辈，后启来者，无疑称得上是众多理论中的佼佼者。缠论虽然优秀，却也只是一根指引交易者寻找月亮的手指，只是一种交易者评估市场的工具，它并不是无懈可击的圣杯，也绝不是无往不胜的获利法宝。

从逻辑上说，任何技术分析，都是基于历史数据来分析未来走势，因而其逻辑推理方式，就是类比或归纳之类的非演绎性推理。这种推理，其结论自然不会具有 100% 的确定性。

无论你掌握了什么样的分析方法或技术，都必须始终明白一个道理，那就是任何技术分析都只是一种交易工具，只不过在胜算率上存在高低区别而已，都逃不脱概率的游戏。可以说，没有任何技术分析具有绝对的效果。换言之，没有任何一种技术分析能伟大到可以作为指导行动的公理。如果有人据此认为某一技术分析可以伟大到作为公理，那一定是绝顶白痴的想法。如果有人将某一技术分析作为公理在市场中进行演绎，那一定是极度危险的行为。

即使是市场中堪称精华的经典理论，也极可能存在某些潜在的漏洞，交易者只要发现了其中的漏洞，就必须马上打补丁，及时加以改良，切不可无条件地拜倒在经典之下，盲目地做某种理论的愚忠者。这一态度同样适用于缠论。

那些极度痴迷某一理论，把技术当成交易圣杯或救命稻草的人，都是不撞南墙不回头的人，他们一定要看见棺材才会掉泪。如果你对某种技术理论迷信到执迷不悟的程度，那么肯定会在未来前进的道路上埋下祸根。当“黑天鹅”意外出现之日，便是让你瞠目结舌、陷入万劫不复的深渊之时。

再版后记

时间一晃就是七年。当初受出版社委托编写这本图书时，并未预料到本书生命力会如此顽强。在图书市场并不景气的时期，本书能长时间受到读者的热捧，一印再印，只能说明一个事实，那就是缠中说禅技术理论在国内投资领域独树一帜，深入人心，拥有超强的影响力。

应广大读者和出版社的要求，此次对本书增订改版，笔者在原书的基础上，对内容做了适当修订和增补，使本书对缠论体系的解析更加全面、细致和完善。

缠中说禅站在世界经典技术理论的肩上，倾其个人智慧，为大家提供了全新的投资理论。但是，由于大家过分追捧，使不少读者执迷于该理论，在学习过程中盲目崇拜，字字句句奉为圭臬，囫囵吞枣，不加辨析，这反而阻碍了大家对缠论精髓的理解和吸收，误导了对交易的认识。近年来，笔者为创作《交易的哲学》一书，几乎遍读了华尔街顶级投资大师的经典著作，深切体会到应从哲学的角度来认识投资，更认识到投资是一件十分严谨的事，容不得半点虚假。笔者在本书中提出了一些批判性意见，究其目的，绝不是为了反对或否定缠论，而是要破掉部分缠迷心中那种把缠论当圣杯的痴念而已。

诚然，缠论或多或少有些缺陷，但瑕不掩瑜，值得广大投资者研究和发扬。指出漏洞，是为了弥补；指出缺陷，是为了提升。“佛说诸法空，为除诸有故，若复着于空，诸佛不能度。”倘部分读者由此生出缠论“无用论”，或认为笔者在对缠论进行攻击和诋毁，那就实在有悖于笔者的初衷了。

江南小隐

2019 年 8 月 5 日

投资理财类书目

书名	作者	定价（元）
八大涨停板战法	马重祥　马　超	38.00
涨停起爆战法	马重祥　马　超	38.00
成长股操盘技术入门与实战精解	股震子	35.00
从零开始学炒股：背驰操盘术	黄凤祁	48.00
从零开始学炒股：MACD操盘术	黄凤祁	48.00
外汇交易精解	邢孝寒	58.00
选出大牛股——波浪理论实战技巧	戈　岩	48.00
四大经典技术指标必胜术	戈　岩	48.00
一把直尺闯天下——股票操作中的画线方法与应用技巧	戈　岩	48.00
精准把握买卖点	戈　岩	48.00
成交量核心技术	金　铁	45.00
主力行为分析核心技术	金　铁	45.00
金属期货	付上金	58.00
《玩转大非农——黄金、外汇、原油非农行情实战技法》	刘堂鑫	49.00
波段交易技术入门与技巧	黄金磊	38.00
涨停板交易技术入门与技巧	郭晓静	38.00
财务指标解析与实战	曹明成　谭　文	29.80
RSI指标入门与实战精解	刘振清	35.00
股价结构：波浪与形态	华　强	35.00
神秘均线擒牛股——股市南山兵法	周国夫	32.00
从零开始学看盘	付　刚	58.00
盘口分时图核心技术	金　铁	45.00
K线图核心技术	金　铁	45.00
均线核心技术	金　铁	45.00
缠中说禅：教你炒股票：解盘答问篇（上、下）	培　峰	108.00
趋势交易实战——象限四度交易法	张文义	42.00
孝寒点位交易法	邢孝寒	38.00
新股民炒股全攻略	黄　金	58.00
涨停盘口定式	曹明成　谭　文	38.00

续表

书名	作者	定价（元）
短线炒股必杀技	曹明成　谭　文	38.00
成交量分析入门与实战精解	刘振清	35.00
分时图分析入门与实战精解	刘振清	35.00
均线指标入门与实战精解	刘振清	35.00
宝塔线指标入门与实战精解	刘振清	35.00
筹码分布技术入门与实战精解	刘振清	35.00
现货石油交易实战宝典	张耿豪　饶　斌	38.00
股市晴雨表	汪雪鹏	36.00
农产品期货	付上金	58.00
教你炒股票：缠论与K线分析技术	培　峰	48.00
短线炒股全攻略	付　刚	49.00
磁区理论点评升级版	江南小隐	38.00
分时图必杀技	曹明成　谭　文	38.00
龙头股必杀技	曹明成　谭　文	38.00
三步掌握波段买卖	曹明成　谭　文	38.00
黑马捕捉术	曹明成　谭　文	36.00
阴阳K线的奥秘	曹明成　谭　文	38.00
相对波浪理论	唐桂华	42.00
波段操盘秘法	何瑞东	38.00
布林线指标入门与实战精解	刘振清	35.00
MACD指标入门与实战精解	刘振清	35.00
KDJ指标入门与实战精解	刘振清	35.00
一本书读懂互联网投资理财	蔡余杰	38.00
玩转技术指标：九种技术指标精讲	金　铁	45.00
新手炒股快速入门与技巧	刘振清	38.00
银行理财产品全攻略	薄志红	35.00
决战牛熊：股市获利之道	曹明成　谭　文	35.00
短线出击：股市快速获利战术	麻道明	49.00
聚沙成塔：T+0交易绝杀技	江南小隐	35.00

续表

书名	作者	定价（元）
短线实战操盘技巧	伟　晴	42.00
一买就涨：买在底部的101个起涨信号	付　刚	38.00
一卖就赚：卖在顶部的123个卖出信号	刘　平	38.00
短线追涨与低吸技术	金　铁	38.00
实战交易密码之走向盈利	陈志文	45.00
量价关系精要	徐子城	28.00
股票画线技术入门与实战	刘振清	38.00